# Estratégia Organizacional e "*Outsourcing*":
# Os Recursos Estratégicos
# de Competitividade Empresarial

# Estratégia Organizacional e "*Outsourcing*":
# Os Recursos Estratégicos de Competitividade Empresarial

Renato Lopes da Costa

2011

ESTRATÉGIA ORGANIZACIONAL E *"OUTSOURCING"*:
OS RECURSOS ESTRATÉGICOS DE COMPETITIVIDADE EMPRESARIAL
AUTOR
Renato Lopes da Costa
EDITOR
EDIÇÕES ALMEDINA, S.A.
Rua Fernandes Tomás nºs 76, 78, 80
3000-167 Coimbra
Tel.: 239 851 904 · Fax: 239 851 901
www.almedina.net · editora@almedina.net
DESIGN DE CAPA
FBA.
PRÉ-IMPRESSÃO
EDIÇÕES ALMEDINA, S.A.
IMPRESSÃO E ACABAMENTO
Pentaedro, Lda.
Janeiro, 2012
DEPÓSITO LEGAL
338400/12

Apesar do cuidado e rigor colocados na elaboração da presente obra, devem os diplomas legais dela constantes ser sempre objecto de confirmação com as publicações oficiais.
Toda a reprodução desta obra, por fotocópia ou outro qualquer processo, sem prévia autorização escrita do Editor, é ilícita e passível de procedimento judicial contra o infractor.

 GRUPO**ALMEDINA**

BIBLIOTECA NACIONAL DE PORTUGAL – CATALOGAÇÃO NA PUBLICAÇÃO
COSTA, Renato Lopes da
Estratégia organizacional e outsourcing.
(Monografias).
ISBN 978-972-40-4727-0
CDU  005
     658

*À Minha mãe*

Aboboreira!
Urmos e Alto da Eira
Verde Silêncio

# ÍNDICE

| | |
|---|---|
| PREFÁCIO | 11 |
| NOTA DE EDIÇÃO | 13 |
| INTRODUÇÃO | 15 |

CAPÍTULO I – Estratégia Organizacional – Conceitos .................. 19
1. O Pensamento Estratégico ........................................ 19
2. O Conceito de Estratégia ......................................... 24
3. O Conceito de Valor: A cadeia de Valor ........................... 26
   3.1. A Noção de Valor e a Caracterização da Cadeia de Valor ..... 26
   3.2. As Implicações da Cadeia de Valor na Decisão Estratégica
      de Externalizar ......................................... 28

CAPÍTULO II – O *"Outsourcing"* como Recurso Estratégico
de Competitividade Empresarial ..................................... 33
1. Definição e Evolução do Conceito *"Outsourcing"* .................. 33
2. Tipos de *"Outsourcing"* .......................................... 34
3. A Decisão Estratégica de Externalizar ............................ 36
4. Vantagens da Especialização no Processo de *"Outsourcing"* ........ 41
5. A Coordenação e o Controlo ...................................... 42
6. As Vantagens da Parceria Estratégica no *"Outsourcing"* ........... 43

CAPÍTULO III – O *"Outsourcing"* dos Sistemas de informação
como Instrumento de Competitividade no Setor da Banca .............. 45
1. A Tecnologia como Vantagem Competitiva .......................... 45
2. A Infraestrutura Estratégica no Processo de *"Outsourcing"* ....... 47

ESTRATÉGIA ORGANIZACIONAL E "OUTSOURCING"

3.  O "Outsourcing" como Fator de Competitividade no Setor
    da Banca — 50
4.  Conclusão — 54

CAPÍTULO IV – O "Outsourcing" como Instrumento
de Competitividade Empresarial na Indústria de Consultoria — 55
1.  A Consultoria de Gestão — 55
2.  A Emergência do "Outsourcing" e do Focus da Gestão Criteriosa
    de Recursos no Setor de Consultoria de Gestão — 60
3.  O Modelo Sistémico Tridimensional de Consultoria de Gestão — 63
4.  Conclusão — 68

CAPÍTULO V – O "Outsourcing" dos serviços como recurso estratégico
de competitividade internacional da economia portuguesa — 71
1.  As teorias económicas da internacionalização — 71
2.  Portugal no mapa global de "Outsourcing" — 76
3.  "Outsourcing": Chegou a hora da internacionalização — 78
4.  Conclusão — 82

CONSIDERAÇÕES FINAIS — 85
BIBLIOGRAFIA — 87

# PREFÁCIO

Numa era de competição particularmente intensa, a externalização é uma componente cada vez mais importante na tomada de decisão estratégica e uma forma de aumentar a eficiência e a qualidade nas várias atividades empresariais, sendo visto por muitos autores e gestores como uma ferramenta influenciadora e poderosa de mudança organizacional.

Neste livro o autor enfatiza a conjuntura existente e evidencia o valor desta ferramenta de gestão estratégica quando combinada numa visão ampla de negócio e no estudo de um conjunto de competências intimamente ligado ao binómio serviço/mercado, centrado em competências "core", recursos e ofertas cada vez mais facilitadoras do bem-estar do cliente, fomentando a criatividade e o dinamismo nas ações operativas das empresas.

Neste livro o autor partilha com os leitores os conhecimentos adquiridos na sua atividade prática assim como a sua reflexão sobre este tema. Nesse sentido, o autor examina o tema *"Outsourcing"* com base na teoria dos recursos e na externalização de atividades sem que se perca o controlo da cadeia, focando ainda aspectos relacionados com a noção de valor e as próprias implicações da cadeia de valor na decisão estratégica de externalizar. Paralelamente, o autor apresenta as razões pelas quais o *"Outsourcing"* dos sistemas de informação funcionam como um dos principais instrumentos de competitividade no setor da banca, a emergência do *"Outsourcing"* e do "focus" da gestão criteriosa de recursos no setor de consultoria de gestão e, de que forma este instrumento pode funcionar como recurso estratégico de competitividade internacional da economia portuguesa.

Esperamos que este livro vos ajude a elaborar questões que permitam compreender a realidade complexa do mundo da gestão. Desejamos também que se divirtam tanto a ler este livro como o autor se divertiu na sua elaboração.

NELSON SANTOS ANTÓNIO
Professor Catedrático no ISCTE
Novembro, Baia de Pera

## NOTA DE EDIÇÃO

"A globalização da economia e o desenvolvimento
das tecnologias de informação obrigam-nos
a repensar as teorias
já existentes".

Nelson António, Professor Catedrático no ISCTE

# INTRODUÇÃO

Nos dias de hoje, muitas das verdades absolutas relacionadas com o modo de gerir as organizações, estão a ser cada vez mais discutidas e questionadas. O mundo cada vez mais complexo em que vivemos, onde acontecimentos aparentemente dispares se interrelacionam e os desenvolvimentos tecnológicos esbatem as fronteiras entre os setores de atividade económica, exige um caminho de reflexão que indique claramente a forma de se conseguirem obter ligações coerentes entre o binómio qualidade e estratégia (António, 2006).

Um fato incontornável é o de que as empresas existem para criar riqueza, mas o que se tem verificado é que esta constatação não está a ser refletida nas medições tradicionais, pois muitas das organizações continuam a dar especial ênfase ao passado como forma de refletir o futuro.

A verdade é que a ação de medir tem consequências que vão para além do simplesmente informar sobre o passado (a informação armazenada no computador). Medir é uma maneira de centrar a atenção no futuro, porque as variáveis e indicadores (informação) que os gestores devem eleger são as que dão a conhecer tudo o que é importante, como por exemplo medir a diferenciação do serviço/produto pela liderança que melhora a imagem da marca e as características exclusivas do serviço/produto, redução de custos e aumento de produtividade, de modo a ser mais eficaz ao longo da cadeia de valor (Porter, 1985).

Assim, hoje mais do que nunca, a criatividade é fundamental para surpreender e conquistar quota de mercado. Isso só será possível através de inovação e de uma excelente gestão de vários paradoxos para os profissionais destes novos tempos, tais como; pensar a longo prazo, mas mostrar resultados imediatos; inovar sem perder a eficiência; colaborar mas também competir; trabalhar em equipa, sendo avaliado em termos individuais; ser flexível sem romper os padrões; conviver com o real cada vez mais virtual; manter a liberdade, mas estar cada vez mais ligado em rede; procurar a perfeição no meio da rapidez; ser agressivo, sem perder a emoção e o respeito pelos outros; agir rápido e por impulso, mas com consciência e responsabilidade; ser empreendedor, mas mudando e inovando permanentemente.

O mesmo será dizer que perante um mundo dominado por incertezas, onde a tecnologia evolui de uma forma cada vez mais rápida, os concorrentes se multiplicam e os produtos e serviços rapidamente se tornam obsoletos, as organizações de sucesso caracterizam-se pela capacidade de criação de novos conhecimentos, pela sua partilha e incorporação em novos produtos e serviços, pelo favorecimento de interação e cooperação e sobretudo por uma gestão criteriosa dos seus recursos (Lopes e Morais, 2001).

Face a esta leitura, a coordenação e gestão criteriosa dos recursos ganha uma importância vital na condução das empresas, quer em termos de benefícios de caráter estratégico que gera a longo prazo, quer no melhoramento da competitividade dos custos da empresa face aos concorrentes, através do aumento da produtividade e da redução de custos (economias de escala, de experiência e de gama), quer ainda, no melhoramento do seu desempenho no mercado e na satisfação dos consumidores, o que lhe vai permitir adquirir vantagens competitivas.

Nesta mesma linha de pensamento empírico, Quinn (cit in Wheelen, 1998), refere que as estratégias sofisticadas já não estão ligadas apenas a dados como quota de mercado ou integração vertical como chaves do planeamento estratégico. Hoje as empresas tendem a concentrar-se em identificar atividades "core" numa perspectiva de desenvolvimento. O segredo passa sobretudo por estratégias de continuidade na procura de produtos e serviços que satisfação no futuro os seus "Shareholders". Para isso há que desenvolver competências de forma profunda e sobretudo melhor do que qualquer outro concorrente no mercado onde se insere, procurando simultaneamente eliminar, minimizar, ou externalizar as atividades onde a empresa não pode ser preeminente, a menos que estas sejam essenciais para suportar ou proteger áreas do foco estratégico.

É desta forma, que seguindo a linha evolutiva do estudo da estratégia organizacional (momento do posicionamento assente na construção e defesa de vantagens competitivas versus o momento do movimento caracterizado a partir de meados de 1990 pela transitoriedade dessas mesmas vantagens, cuja inovação reflete o foco de crescimento e expansão (António, 2006)), numa era de competição particularmente intensa, que o *"Outsourcing"* ganha manifesta preponderância, sendo visto por muitos gestores como a resposta ideal; uma opção que promete reduções de custos, melhoria de qualidade e, mais importante, a capacidade de libertar recursos para serem focados no negócio, concentrando-se em competências centrais.

Este livro procurou explorar exatamente estes pressupostos, mostrando de que forma o *"Outsourcing"* pode ser uma poderosa ferramenta influenciadora de mudança organizacional (Ferfusson, 1996), trazendo uma vida nova à organização e à cadeia processual da empresa através da descentralização no exterior de atividades que não são chave no conjunto de competências distintas da empresa, provando que uma gestão eficiente dos recursos pode ser o foco de vantagem competitiva, quer pela redução de custos fixos, quer ainda, pelos possíveis ganhos de eficiência que poderão ser obtidos pela libertação de tempo aos executivos, que poderão dedicar-se mais atentamente às competências centrais da empresa, reforçando-as e aumentando a competitividade dos seus produtos/serviços.

# Capítulo I
# Estratégia Organizacional – Conceitos

**1. O Pensamento Estratégico**

"O desenvolvimento de uma estratégia é, em essência, o desenvolvimento de uma fórmula ampla para o modo como uma empresa irá competir, quais deveriam ser as suas metas e quais as políticas necessárias para se levar a cabo essas metas" (Porter, 1986:15).

Subjacente à ideia de estratégia está a ideia de equilíbrio entre paradigmas justificativos da própria empresa e da sua natureza. Segundo Ohmae (1991) existem três aproximações diferenciadas de análise no contexto do pensamento estratégico: mecanicista, intuitiva e estratégica.

A aproximação mecanicista emerge do raciocínio cartesiano ligado à ordem e lógica utilizadas como forma de obtenção de vantagem competitiva na resolução dos seus mais diversos problemas. Remete-nos esta análise, para uma visão tradicional do pensamento, que permite a adoção de determinados resultados individuais, ao invés da incorporação de soluções standard que só por si se tornariam obviamente ineficazes.

A aproximação intuitiva acaba por ser um contrapeso da aproximação mecanicista, pois a esta acrescenta, intuição, experiência, conhecimento acumulado e recursos disponíveis, na persecução de um conjunto de soluções originais. Contudo, algo que não siga uma ideologia sistémica e metodologicamente rica, pode conduzir a resultados de investigação não condizentes com a pertinência da solução pretendida.

A aproximação sistémica situa-se entre as duas precedentes, resumindo-se em três etapas: inventariar e selecionar os elementos úteis à resolução do problema, criar várias estruturas com esses elementos e, procurar a pertinência de cada uma das soluções obtidas para reter a aproximação mais inovadora e diferenciada que permita melhorar a sustentabilidade e sobrevivência a médio/longo prazo (m/l/p). Desde logo se evidencia, a partir desta aproximação, uma análise sistémica, cujo problema é visto na sua globalidade, sempre com a preocupação implícita das inter-relações entre os elementos do sistema na escolha da melhor solução.

Deste modo, o conceito de estratégia incorpora quer a determinação de opções, globais e normalmente de m/l/p, quer a determinação das condições para que o êxito e a sobrevivência da empresa sejam garantidos, de forma duradoura, nesse mesmo prazo.

Ou seja, muito embora, o conceito de estratégia esteja intimamente ligado a questões de m/l/p, viver, sobreviver e sustentar um modo de vida em condições de hostilidade e competitividade merece uma explicação mais ampla que o simples significado destas duas últimas palavras em termos de dicionário, sendo que "as empresas que apresentam melhores desempenhos devem-no, essencialmente, a uma boa compreensão das questões estratégicas e à condução de um processo consequente de reflexão, decisão e ação, que vai da análise e formulação até à implementação e controlo" (Carvalho e Filipe, 2006:19) – Figura 01[1].

---

[1] Plano de acções estratégicas a desenvolver num projeto de média dimensão

ESTRATÉGIA ORGANIZACIONAL – CONCEITOS

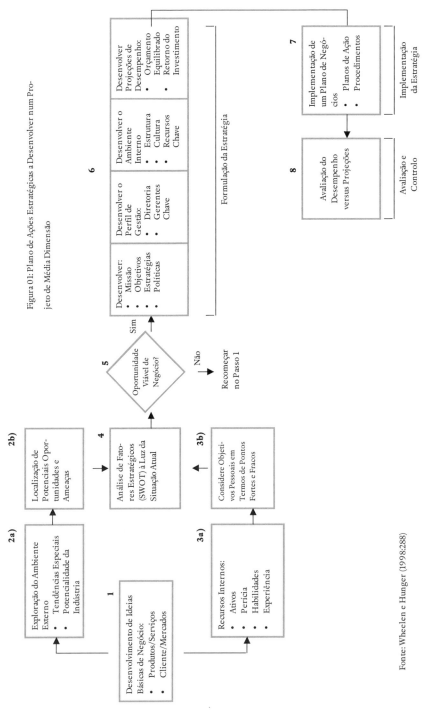

Figura 01: Plano de Ações Estratégicas a Desenvolver num Projeto de Média Dimensão

Fonte: Wheelen e Hunger (1998:288)

21

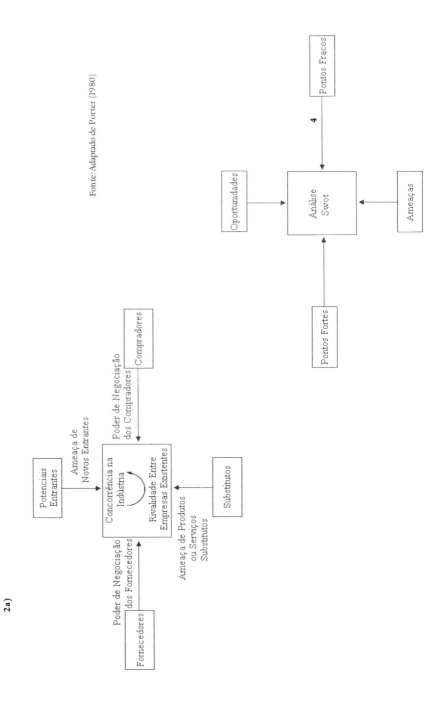

Fonte: Adaptado de Porter (1980)

A partir desta análise é fácil percepcionar que o conhecimento estratégico não é feito apenas de conhecimento científico, mas incorpora em grande parte uma grande componente de caráter filosófico (Carvalho e Filipe, 2006). Não é difícil de deduzir esta percepção, sobretudo porque os vários autores que escrevem o pensamento estratégico têm todos eles diferentes envolvimentos, perspectivas e propostas de análise.

Mintzberg (1998), explica facilmente este paradoxo com a história dos cegos e do elefante (a besta) e como cada um desses mesmos cegos podem percepcionar de forma diferente o mesmo elefante face à composição do animal (tromba, perna). O domínio empresarial procurou, portanto, estudar esta problemática a partir da construção de diferentes escolas que permitam agrupar características intersetáveis.

Dada a especificidade do tema deste livro, parece pertinente destrinçar o princípio da escola dos recursos fundamentada a partir do trabalho de Penrose (António, 2006), que reúne as escolas cultural e das configurações de Mintzberg (1998), centrada na cultura empresarial e nos constrangimentos a ela associados. A estratégia neste contexto representa o resultado da conjugação dos recursos existentes com as atividades desenvolvidas e que, conjuntamente, geram competências especificas que sustentam vantagens competitivas.

Deste modo, "a vantagem competitiva é então o resultado conseguido por uma combinação de competências e recursos (tangíveis ou intangíveis, raros, difíceis de imitar, insubstituíveis, dinâmicos) ou o resultado conseguido pela capacidade estratégica posta em ação" (Carvalho, 2006: 121), acrescentando em ambas as situações, "uma nova dimensão à estratégia, tanto na busca quanto na avaliação de oportunidades" (Ansoff, 1977:163).

Ou seja, a qualidade do pensamento estratégico deve contemplar não só o modelo de Porter (1980) que é construído a partir da análise da indústria, isto é, de fora para dentro da empresa, assim como, "o portfólio de competências da empresa, que é também a fonte da sua competitividade nos diferentes negócios e produtos" (Hamel e Prahalad, 1995; Ansoff, 1965). Representam ambas diferentes abordagens de análise no desenvolvimento do campo de oportunidades, mas que se complementam na melhoria da capacidade de gestão e na construção da definição ideal do conceito de estratégia.

## 2. O Conceito de Estratégia

O paradoxo da definição do conceito de estratégia emergiu, como muitas vezes acontece, da necessidade dos práticos em teorizar sobre questões referentes a este tema. Essa necessidade salta para as universidades no início dos anos 1960, assistindo-se desde então ao aparecimento de um corpo teórico, que não só elaborou, como tem refinado o conceito de "estratégia". Efetivamente existem várias aproximações a esta definição convém, no entanto, salientar que só existe necessidade de estratégia pela existência de um problema concreto para o qual haja possibilidade de escolha ou de alternativas em termos de solução.

Drucker (1950), foi um dos primeiros autores a levantar esta questão. Para o autor a estratégia surge assim como a tentativa de organizar informação qualitativa e quantitativa de tal forma que permita a tomada de decisões efetivas em circunstâncias de incerteza, visto que as estratégias devem basear-se mais em critérios e análise dos objetivos do que nas experiências ou intuições.

Nesta fase, os desenvolvimentos principais de Drucker focalizavam-se muito nas relações entre a estratégia e o meio envolvente, ou seja, nos fins e objetivos, negligenciando por completo a relação entre a estratégia e os recursos.

No entanto, a corrente do conceito de estratégia evoluiu e anos mais tarde, Ansoff (1965) e Andrews (1971), analisam o conceito de forma mais ampla e explícita, remetendo a definição para um processo organizacional subdividido em três diferentes fases: formulação, implantação e controlo da estratégia, ideia que seria também defendida mais tarde por Porter (1980) e sustentada por António (2006) quando refere na sua obra Estratégia Organizacional: do Posicionamento ao Movimento, que uma estratégia de qualidade deve ter atenção à sua formulação e à sua implantação e sobretudo ter sempre presente que o trabalho não acaba na formulação, pois uma estratégia formulada tem de ser implementada. Trata-se de uma definição ampla que remete para os "fins" e "objetivos" (lado da procura) e para os "meios" e "planos" (lado da oferta).

Para Ansoff (1965), a estratégia definia-se sucintamente pelo laço comum entre as atividades da empresa e as relações produto-mercado de forma a que definam a natureza essencial dos negócios nos quais está a empresa e os negócios que a empresa planeia para o futuro.

Andrews (1971), na sua definição via a estratégia como o padrão dos princípios objetivos, propósitos ou metas e as políticas ou planos essenciais para conseguir tais metas, estabelecidos de tal forma que definam em que classe de negócio a empresa está ou pretende estar, e qual o tipo de empresa que pretende ser.

"A estratégia surge, assim, como consequência dos meios (recursos e competências), procurando gerar capacidades para cumprir objetivos" (Carvalho e Filipe, 2006:58).

No entanto, porventura a mais completa das definições alguma vez formuladas está patente na definição estratégica de Mintzberg (1987) realçando a necessidade de superar a concorrência e a necessidade de chegar a resultados com o menor esforço possível, em consonância com os paradigmas concorrencial e do capital. Como aspectos mais relevantes desta percepção está a incorporação nos 5 P's da sua definição estratégica de conceitos como "collective mind", construtivismo e o incrementismo. Segundo Mintzberg, a estratégia assenta então num plano (Plan) como forma de ganhar um jogo com base num conjunto de regras preestabelecidas e formais; num padrão (Pattern) assente num processo de aprendizagem e consistência de comportamentos no jogo entre atores internos e externos; na posição (Position) definindo o que se deve ou não fazer; numa perspectiva (Perspective) agindo de acordo com a visão interna da empresa e; como artimanha (Ploy) nas manobras intencionais ou não de jogar o jogo da sobrevivência e sustentação.

De forma geral, pode-se facilmente perceber que qualquer que seja a definição, todas elas focam um objetivo único de criação de valor, quer sob o ponto de vista de mercado, da organização ou dos acionistas. Em suma, por muito que se procurem alternativas ou se pretenda recriar o pensamento, a verdade é que a história económica e empresarial converge sempre para o estabelecimento estruturado da noção de valor.

## 3. O Conceito de Valor: A cadeia de Valor

### 3.1. A Noção de Valor e a Caracterização da Cadeia de Valor

É fundamental compreender a especificidade da estratégia na gestão das empresas no presente e no futuro, na certeza de que continue ligado à capacidade de criação e de repartição de valor gerado, independentemente dos vários significados deste conceito e da perspectiva de quem analisa, quer em termos de finalidade económica em que o valor é medido pelo dinheiro (produto e serviço colocado no mercado), de finalidade interna das empresas em que o valor corresponde ao potencial de geração de riqueza pela organização (numa lógica de recursos nela existentes), ou numa finalidade de remuneração dos acionistas em que o valor é medido pela margem, lucro, ou valorização das ações no mercado de capitais (Carvalho e Filipe, 2006).

Pode então dizer-se que uma empresa ganha ou sustenta uma determinada vantagem competitiva dependendo das atividades que realiza a mais baixo custo ou melhor que os concorrentes. O diagnóstico, repousa, assim, na capacidade de desagregação da empresa em todas as suas atividades e na identificação das fontes criadoras ou contribuintes para o valor ou a margem.

Sob o ponto de vista interno, e no que respeita à construção de valor, importa sempre fazer menção à cadeia de valor de Porter (1985), instrumento essencial para analisar as frentes de construção de valor e que, por conseguinte, proporcionam vantagens competitivas. A cadeia de valor desagrega a empresa num conjunto de atividades relevantes para compreender os custos e as fontes de diferenciação existentes e potenciais.

## ESTRATÉGIA ORGANIZACIONAL – CONCEITOS

### Figura 02: A cadeia de Valor de Porter

Instrumento estratégico que permite compreender e perceber o comportamento dos custos e as fontes existentes que geram potenciais de diferenciação, de modo a identificar as atividades onde poderá existir vantagem competitiva.

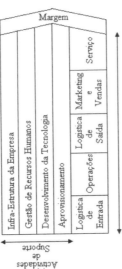

**Atividades Principais**

São as que estão diretamente envolvidas na criação física do produto ou serviço, venda, transferência para o cliente e assistência pós-venda.

**Logística de Entrada**

Atividades relacionadas com a recepção, armazenagem, manuseamento, retenção, registo de existências, transporte e distribuição dos "inputs" aos produtos/serviços

**Operações**

Atividades associadas com a transformação de inputs em produtos/serviços finais

**Logística de Saída**

Atividades ligadas à recolha, armazenagem e distribuição física dos produtos/serviços aos clientes.

**Marketing e Vendas**

Atividades associadas a oferecer um meio pelo qual os clientes possam comprar os produtos e que os conduzam a fazê-lo; publicidade, promoção de vendas, vendas pessoais, redação de slogans, escolha de canais de distribuição e fixação de preços.

**Serviço**

Atividades relacionadas com o fornecimento do serviço para intensificar ou manter o valor do produto enquanto propriedade do cliente.

**Valor**

É o montante que os clientes estão dispostos a pagar pelo produto que a empresa lhes oferece.

**Margem**

A margem é determinada pela diferença entre o valor criado e o custo necessário para a criação desse valor. As atividades responsáveis pela criação de valor darão origem a um produto, serviço ou solução atractiva para o mercado e permitirão, desta forma, trocar esse output pelo valor em causa.

Fonte: Porter (1985)

**Actividades de Suporte**

São as que estão envolvidas no apoio às atividades primárias e entre si, através do fornecimento de "inputs", tecnologia, recursos humanos, e o conjunto de outras funções gerais da empresa

**Infra-Estruturas da Empresa**

Consiste nas atividades relacionadas com a Gestão Geral, planeamento, financeira, administrativa, assuntos legais, relações públicas, controlo, gestão da qualidade.

**Gestão de Recursos Humanos**

Atividades envolvidas no recrutamento, contratação, formação, desenvolvimento e compensação de pessoal.

**Desenvolvimento da Tecnologia**

Conjunto de atividades que contribuem para a melhoria dos produtos ou dos processos, afectando toda a atividade geradora de valor nas áreas do Know-How, procedimentos e processos.

**Aprovisionamento**

Compra dos "inputs" empregues na cadeia de valor da empresa e que têm a ver com a pesquisa de mercado, expressão das necessidades de consumo, negociação.

A cadeia de valor de Porter (1985) – Figura 02, enquanto instrumento de gestão, configura uma situação de ajustamento ótimo entre atividades primárias e secundárias e entre ativos, de modo que cada empresa possa extrair a máxima margem (valor). Por conseguinte, cada cadeia de valor representa uma combinação e configuração únicas dos vários elementos estabelecidos para possibilitar que a empresa sirva o mercado de um modo excelente, criando valor nesse processo. E, quando essa proposta é única e gera valor através do mercado a quem oferece produtos e serviços, estão diz-se que a empresa detém vantagem competitiva.

Verificam-se dois tipos de atividades na criação de valor. As atividades primárias e as secundárias. As primárias são as que participam diretamente na execução física do produto ou na disponibilização do serviço, incluindo as componentes transacionais e de serviço pós-venda. As atividades secundárias, ou de suporte, sustentam as primárias e apoiam-se entre si, proporcionando a compra de materiais, a tecnologia e os recursos humanos.

Este instrumento permite, assim, analisar o valor de forma compartimentada, por atividades, em vez de o analisar de forma global. E por isso é um tão poderoso instrumento de análise interna da empresa.

## 3.2. As Implicações da Cadeia de Valor na Decisão Estratégica de Externalizar

Num contexto empresarial caracterizado pelo dinamismo, muitas empresas focalizam-se fundamentalmente nas "core competencies" esquecendo as capacidades da organização e a visibilidade destas aos olhos dos clientes. Enquanto as "core competencies" enfatizam o know-how, as habilidades de produção e a capacidade tecnológica em pontos específicos da cadeia de valor, as capacidades assumem um conceito de âmbito mais alargado, abarcando toda a cadeia de valor, razão pela qual Stalk, Evans e Shulman (1992), defendem que capacidades difíceis de imitar são uma indiscutível fonte de vantagem competitiva fundamental no desenvolvimento empresarial.

ESTRATÉGIA ORGANIZACIONAL – CONCEITOS

O relacionamento deste fator com o *"Outsourcing"* decorre do fato de que, através da implementação desta fonte de análise, é possível identificar as áreas onde a organização deve concentrar os seus recursos (nas capacidades que lhes proporcionem as vantagens competitivas necessárias para disputar um determinado mercado) e, a partir daqui, identificar também as atividades candidatas ao *"Outsourcing"* – aquelas que, por não se assumirem como capacidades únicas, não constituem fonte de vantagem competitiva. Até porque reforçam os referidos autores, "as capacidades são frequentemente exclusivas, logo, a escolha das atividades certas é a essência da estratégia".

Tendo presente esta conjuntura, as implicações do modelo de Porter no que concerne ao *"Outsourcing"* parecem evidentes. Se por um lado, o conceito de vantagem competitiva nos fornece, desde logo, um critério de afetação de recursos; a cadeia de valor constituí, por outro lado, um precioso instrumento para o conhecimento das atividades com relevância estratégica, através da identificação e classificação do conjunto de atividades e respectivos elos, em função da forma como contribuem para a criação de vantagens competitivas sustentáveis.

A crescente pressão dos mercados, caracterizada por uma intensa competitividade e instabilidade, leva as organizações e as pessoas a repensar as suas estratégias de relacionamento com as outras partes. À medida que as organizações se vão orientando para as suas áreas centrais (core business), libertando-se de áreas/atividades que não dominam, a dependência em relação às fontes externas de fornecimento aumenta.

Tradicionalmente o relacionamento entre partes tende a ser caracterizado por uma forte dicotomia. Todo o ensinamento que nos é dado desde tenra idade vai nesse sentido: "eu ganho porque tu perdes". Esta forma de estar está na origem da maior parte dos relacionamentos que se estabelecem entre organizações e pessoas e é caracterizada por ser do tipo "win-lose" (ou "lose-win" dependente da perspectiva de quem analisa).

Muitos já se aperceberam que esta forma de relacionamento mostrou ser ineficiente, porque no longo prazo, esta abordagem degenera em resultados do tipo "lose-lose" (ie, todas as partes perdem). Em oposição, as relações "win-win" procuram expandir o valor ou os recursos disponíveis pelas partes envolvidas através de processos de negociação integrada e cooperativa. As partes envolvidas negoceiam para determinar o modo mais equitativo de divisão do valor.

No âmbito da gestão, os termos "win-win", "win-lose" e "lose-lose" estão associados à teoria dos jogos e referem-se aos possíveis resultados de um jogo ou disputa envolvendo duas partes e, mais importante que isso, em que cada parte reconhece/compara o seu resultado em relação ao ponto de partida. Por exemplo, um ganho (win) resulta quando o "outcome" de uma negociação está de acordo com as expectativas ou é melhor do que o esperado. Uma perda (lose) refere-se a um "outcome" pior do que o esperado. É a noção de expectativa criada que determina o ganho ou a perda num relacionamento entre partes (Monczeka e Handfield, 2002; Covey, 2004).

Spangler (2003), apresenta um exemplo clássico para o estudo deste paradoxo: o "dilema do preso" – Figura 03, no qual, dois presos decidem, ou não, confessar um crime cometido. Nenhum dos presos sabe o que o outro irá dizer/fazer. O melhor resultado para o preso A ocorre se ele optar por acusar o colega e esperar que este se mantenha quieto. Neste caso, o preso que confessa e implica o outro, acaba por ficar apenas com 3 meses de pena e o outro apanha a maior sentença pela acusação que lhe recai e por não ter cooperado com a polícia [este é um resultado "win" (preso A) – "lose" (preso B)]. O mesmo se aplica ao preso B. Mas se ambos os presos optam por confessar (procurando tirar vantagem do outro) cairão num resultado de "lose-lose" ao receberem a pena máxima. Se nenhum deles confessar, receberam uma pena reduzida (uma situação "win-win" embora o ganho seja menor para cada um se comparado com o cenário "win-lose").

FIGURA 03: *O Dilema do Prisioneiro*

| B<br>A | B – Não Confessa | B - Confessa |
|---|---|---|
| **A – Não Confessa** | 1 ano para cada | 10 anos para A<br>3 meses para B |
| **A – Confessa** | 3 meses para A<br>10 anos para B | 5 anos para cada |

Fonte: Spangler (2003)

Analisando o tema numa lógica de criação de valor para o acionista, o valor está relacionado com o que espera reaver do seu investimento, no entanto, esta lógica não é funcional e a gestão empresarial tem de ser vista numa lógica de atravessamento funcional cujo objetivo é criar valor do ponto de vista do custo, tempo e serviço.

Esta lógica de criação de valor de fronteira remete-nos para as frentes empresariais e para a tendência a beneficiar opções de m/l/p cujas atividades rotineiras podem ser subcontratadas adotando uma lógica de parceria (Jogo "win-win" – Colaborativo) cujas atividades de fronteira podem vir de fora, de forma a fazerem o trabalho mais eficazmente (core distributivo cujo enfoque não está na operatividade das atividades) – Figura 04.

Tipo de Relacionamento

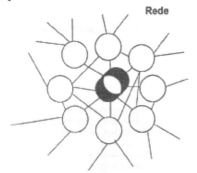

Figura 04: Características da Cadeia (ou da rede). Subcontratação e princípios de externalização apurados: Concentração no "core business"; I&D como arma de sobrevivência; Aposta nas competências e nas capacidades; Importância crucial no desempenho e na flexibilidade dos processos

O relacionamento em rede apresentado na figura 04, assenta então no princípio "Network Sourcing; Downstream Focus", caracterizado por pouca operatividade do produto original, controlo do processo, delegação de funções em entidades terceiras e economias de escala pela possibilidade de baixar os custos operativos dos atuais processos (Lars e Gadde, 2008; Bergkvist, 2008).

# Capítulo II
# O "*Outsourcing*" como recurso estratégico de competitividade empresarial

### 1. Definição e Evolução do Conceito "*Outsourcing*"

O tema "*Outsourcing*" é largamente utilizado em gestão empresarial. De forma simples, a palavra "*Outsourcing*" denomina a compra de determinado produto ou serviço que tem vindo a ser desenvolvido internamente na empresa (Wheelen e Hunger, 1998). Ou seja, caracteriza-se basicamente por um acordo na contratação de uma entidade externa <fornecedor> para fornecer serviços que tradicionalmente são desenvolvidos no seio da própria organização <cliente> (Varajão, 2001; Duening e Click, 2005; Reis, 2008).

Entre as traduções mais vulgarizadas desta temática, incluem-se, designadamente, o <mandar fazer fora>, o <recurso a fonte externa>, a externalização ou, muito simplesmente, a subcontratação que, segundo Marques (1992:65), "designa práticas diversas que assentam em diferentes processos de articulação entre empresas, quer de um ponto de vista técnico, quer de um ponto de vista económico, quer mesmo de um ponto de vista jurídico". Amplamente definida, pode ser então designada por um "processo através do qual uma organização (contratante), em linha com a sua estratégia, contrata outra (subcontratado), na perspectiva de um relacionamento mutuamente benéfico, de médio ou longo prazo, para desempenho de uma ou várias atividades que a primeira não pode ou não lhe convém desempenhar, e na execução das quais a segunda é tida como especialista" (Santos, 1998:23).

Em termos evolutivos, apesar de um dos primeiros acordos de *"Outsourcing"* reportar-se a 1963, quando a Electronic Data Systems (EDS) passou a dirigir os serviços de processamento de dados para as empresas Frito-Lay e Blue Cross (Varajão, 2001), o sinal de partida propriamente dito dá-se em 1988, através da IBM e da Kodac. Nessa altura o interesse pelo *"Outsourcing"* disparou ao saber-se de um acordo inovador em que a IBM iria assumir o trabalho efetuado pelos quatro centros da Kodak, assumindo simultaneamente os seus 300 efetivos (Loh e Venkatraman, 1992).

Embora o sinal de partida se tivesse dado através desta parceria estratégica, a verdade é que é a partir da década de 1990 que se criam as verdadeiras condições para a revolução. A necessidade premente de redução de custos, incremento de vantagens competitivas e dificuldade no controlo dos investimentos levaram também a que grandes organizações considerassem aceitável transferir os seus serviços de sistemas de informação para fornecedores externos. Desde então, inúmeros contratos significativos têm sido celebrados pelas mais diversas organizações. A titulo exemplificativo, a banca portuguesa tem já contratos de *"Outsourcing"* firmados com a <u>IBM</u> que somam uma receita de mil milhões de euros, visando o fornecimento e gestão de infraestruturas de sistemas de informação por períodos de 10 anos e envolvem o Deutsche Bank, Barclays, Finibanco, Millennium bcp, BPI, Santander Totta, BPN e mesmo alguns serviços do Banco Espírito Santo, entre acordos firmados em 2007 e anunciados durante o ano de 2006 (Casa dos Bits, 2007), permitindo que estes possam explorar economias de escala e obter reduções de custos na ordem dos 15 a 30% o que justifica o crescimento exponencial do seu volume de negócios.

## 2. Os Tipos de *"Outsourcing"*

Segundo Millar (cit in Varajão, 2001) existem quatro tipos básicos de *"Outsourcing"*. O *"Outsourcing"* geral, que pode incorporar três componentes, nomeadamente; o seletivo (quando uma área especifica é escolhida para ser transferida para uma entidade externa), o de valor acrescentado (quando determinada área de sistemas de informação é transferida para uma entidade externa que representará valor acrescentado através do aumento do nível de serviço, valor de eficiência e diminuição de custos que representará e, cooperativa (pressupondo trabalho conjunto no desenvolvimento da atividade com a entidade externa).

Segundo o autor, temos ainda o *"Outsourcing"* transacional, que envolve tipicamente a migração de uma plataforma tecnológica para outra. O *"Outsourcing"* de processos de negócio na qual a entidade externa é responsável pelo desempenho integral de uma função de negócio da organização cliente. E por último, o *"Outsourcing"* ligado a benefícios para o negócio, que são acordos contratuais que definem a contribuição do fornecedor para o cliente em termos de benefícios específicos para o negócio e define os pagamentos a efetuar pelo cliente com base na capacidade do fornecedor em assegurar esses benefícios.

Ainda no enquadramento dos sistemas de informação, Nam et al. (1995) propõe um enquadramento para diferenciar os vários tipos de relacionamentos de *"Outsourcing"*, utilizando duas dimensões: a "extensão do envolvimento" e o "impacto estratégico das aplicações funcionais de Sistemas de Informação".

FIGURA 05: *Enquadramento para a Diferenciação de Tipos de "Outsourcing"*

Impacto estratégico da aplicação funcional de SI

| | | Baixo | Elevado |
|---|---|---|---|
| | **Baixo** | Suporte (Support) | Alinhamento (Alignment) |
| Extensão do envolvimento (fornecedores) | **Elevado** | Confiança (Reliance) | Aliança (Alliance) |

Fonte: Adaptado de Nam et al. (1995:113)

As duas dimensões propostas para a diferenciação do *"Outsourcing"* encontram-se representadas na figura 05. A dimensão do impacto estratégico está representada no eixo horizontal, e a dimensão para o grau de envolvimento do fornecedor está representada no eixo vertical.

É perceptível que a célula "suporte" corresponde aos tipos tradicionais de *"Outsourcing"*, cujo departamento interno de sistemas de informação é responsável por grande parte das operações, sendo o envolvimento do fornecedor baixo e o impacto estratégico limitado. Logo, os montantes envolvidos são baixos. Na célula "alinhamento" já se pressupõe um âmbito mais estratégico, ainda que os valores dos contratos possam não ser significativos, pois trata-se de uma parceria mais de longo prazo. O envolvimento na célula "confiança" está limitado a serviços não estratégicos, e considera-se fundamentalmente a transferência de serviços nesta conjuntura. Na célula "aliança", clientes e fornecedores estão ligados intimamente para fins estratégicos, sendo desenvolvidas verdadeiras parcerias. Não sendo vulgares, são apenas possíveis de realizar entre grandes organizações.

## 3. A Decisão Estratégica de Externalizar

A decisão estratégica de externalizar é de certa forma refletida no modelo de investigação proposto por Palvia e Parzinger (1995) – Figura 06, ou mais facilmente através da leitura da matriz de externalização apresentada por Wheelen e Hunger (1998) – Figura 07, cuja decisão assenta fundamentalmente sobre a fração de valor acrescentado total que determinada atividade considerada, representa para a empresa ou unidade de negócios e da quantidade de vantagens competitivas potenciais inerentes a essa mesma atividade.

FIGURA 06: *Modelo para a Investigação em "Outsourcing"*

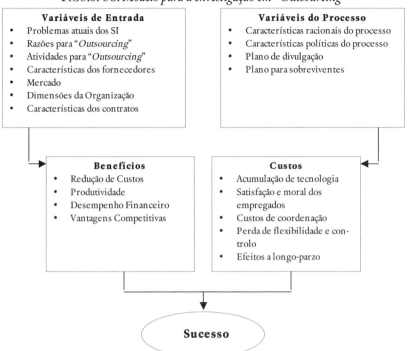

Fonte: Adaptado de Palvia & Parzinger (1995)

FIGURA 07: *Matriz de "Outsourcing"*

Atividades "core" da empresa representativas de alto valor acrescentado

|  |  | Baixo | Elevado |
|---|---|---|---|
| Atividades com potencial para obtenção de vantagens competitivas | Elevado | Integração Vertical Parcial: Produção interna de parte da atividade | Integração Vertical Total: Produção interna Total |
|  | Baixo | Externalização Completa: Comprada em mercados abertos | Externalização Completa: Subjacente em contratos de longo prazo |

Fonte: Wheelen e Hunger (1998:163)

Em ambos os modelos facilmente se constata, que a decisão de externalizar começa sempre a partir de uma análise às competências e perícia existentes na cadeia de aprovisionamento de cada organização. Ou seja, será que a empresa é realmente boa no que faz? (Cohen e Roussel, 2005).

Externalizar envolve sempre três questões fundamentais. Que áreas devem ser externalizadas? Existe potencial para a diferenciação estratégica? Quais as atividades que devemos externalizar e quais as que devemos guardar dentro da empresa? A resposta a todas estas questões deve basear-se no fato de que o "*Outsourcing*" deve ser apenas considerado em atividades que envolvam uma baixa importância estratégica ou em que terceiros possam desenvolver as mesmas operações mais eficientemente, mais rápido e fundamentalmente com custos muito mais reduzidos.

Parte-se portanto do pressuposto que o "*Outsourcing*" permite que as empresas obtenham processos de crescimento rápidos, mas por vezes também se verifica exatamente o contrário. Neste processo, a capacidade de flexibilização e agilidade das empresas marcam definitivamente a diferença no contexto atual de globalização dos nossos mercados empresariais.

Mas mais importante ainda, são as empresas focarem-se no essencial e nas suas competências "core", assim como definirem claramente o seu posicionamento competitivo, sem se esquecerem de considerar fatores, vantagens, desvantagens, riscos e ramificações estratégicas relacionadas com todas as decisões de "*Outsourcing*" que serão futuramente tomadas, sejam estas de ordem financeira, tecnológicos, políticos ou de negócio – Figura 08.

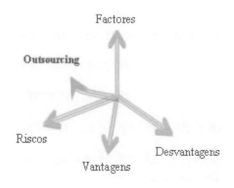

## FIGURA 08: *Análise FRVD – Fatores, Riscos, Vantagens e Desvantagens do "Outsourcing"*

| Fatores | Riscos |
|---|---|
| • Objetivos da inclusão do "*Outsourcing*" <br> • Habilidade para recrutar um "sponsor" interno do projeto motivado <br> • Caso de negócio que suporte a iniciativa <br> • O "timing" do projeto <br> • A cultura da unidade escolhida para o processo de "*Outsourcing*" <br> • Quantidade de trabalho necessária para executar a iniciativa do "*Outsourcing*" <br> • Expectativas dos gestores de topo <br> • Risco do negócio <br> • Motivações do "*Outsourcing*" | • A possibilidade do subcontratado se revelar mais ineficaz e ineficiente <br> • A inexperiência do pessoal do subcontratado <br> • Incerteza em relação à evolução do negócio <br> • Diminuição da capacidade de aprendizagem organizacional <br> • Redução da capacidade criativa e inovadora <br> • Dificuldade de comunicação e/ou geração de conflitos <br> • Incapacidade do subcontratado em conseguir manter a integridade e segurança da informação <br> • Custos ocultos (não inventariados) <br> • Fozzy focus ("*Outsourcing*" como fim) |
| **Motivações do "*Outsourcing*"** <br><br> • Melhorar a concentração no negócio <br> • Obter acesso a capacidades de classe mundial <br> • Acelerar os benefícios da melhoria de processos <br> • Partilhar riscos <br> • Libertar recursos <br> • Tornar capitais disponíveis <br> • Reduzir custos operacionais <br> • Procurar a infusão de capitais <br> • Obter recursos não disponíveis internamente e transferir uma função difícil de gerir | **Riscos de Relacionamento** <br><br> • Controlo inapropriado do subcontratado <br> • Diferença cultural <br> • Inflexibilidade nos acordos do plano de "Outsourcing" <br> • Especificações e métricas inadequadas <br> • Gestão inadequada <br> • Objetivos desalinhados <br> • Integração ineficiente |

| Vantagens | Desvantagens |
|---|---|
| • Aumento da eficiência e qualidade das atividades | • Perda de controlo da execução das atividades |
| • Afetação mais racional e eficiente dos recursos | • Perda de confidencialidade |
| • A subcontratação de atividades não criticas | • Má qualidade do serviço prestado |
| • Redimensionamento da estrutura organizacional | • Perda de flexibilidade e reação lenta à mudança |
| • Acesso a "Best Pratices" e importante observatório de "Benchmarking" | • Dependência excessiva em relação ao subcontratado |
| • Acesso a tecnologias e especialistas não existentes na organização | • Constatação de incorrência em custos mais elevados |
| • Acesso a aspectos estratégicos ligados ao "procurement", "design", "repair operations" e penetração de mercado. | • Perda de know-how e competências internas |
| • Solução para atividades de difícil gestão ou controlo | • Impossibilidade de regresso ao desempenho interno |
| • Elemento catalisador de projetos de reengenharia | • Implica o "downsizing" e a desmotivação do pessoal gerada por incertezas e instabilidade na condução do processo |
| • Redução de custos operacionais | • Elevados custos associados à gestão dos subcontratados |
| • Mais flexibilidade perante as flutuações do mercado e da procura | • Perda de notoriedade da empresa pela dispensa de ativos (caso exista) |
| • Diminuição e melhor afetação das necessidades de investimento | • Tomadas de decisão e objetivos focados em benefícios de curto prazo |
| • Possibilidade de concentração no seu negócio principal e/ou competências nucleares | • RH sem qualificação e capacidade suficientes para o desenvolvimento desta abordagem estratégica |
| • Obtenção de fundos através da venda de ativos | • Externalização de atividades "core" |
| • Eliminação de áreas causadoras de problemas (caso existam) | • O condicionamento inerente a acontecimentos que possam surgir e que possam validar a paragem das atividades por períodos perlongados |
| • Aumento de competitividade | • A possibilidade de estar ligado a contratos de longo prazo com fornecedores de serviços que já não são sinónimo de competitividade |
| | • A impossibilidade de adquirir novas habilidades e competências num setor que se encontra externalizado |

Fonte: Earl (1996), Wheelen & Hunger (1998), Cohen & Roussel (2005), Santos (1998), Duening & Click (2005), Varajão (2001), Reis (2008)

## 4. As Vantagens da Especialização no Processo de *"Outsourcing"*

Com os avanços da tecnologia e o desenvolvimento de novas fórmulas contratuais, são cada vez menos as empresas que vêm os processos operativos como parte fundamental do seu negócio, preferindo concentrar as suas atividades em investigação, desenho e na venda de produtos e/ou serviços como forma de gerar vantagens competitivas. Esta recente posição empresarial, desencadeada a partir dos novos movimentos económicos e organizacionais, fomentou a prolixidade de uma nova forma de gestão, gerando novos atores e especialistas, os denominados "Contract Manufacturers" (Arruñada e Vasquez, 2006).

Mas será este método de subcontratação rendível? Trará a especialização produtiva valor acrescentado às organizações e à indústria?

É evidente a mais-valia desta recente forma de gestão empresarial. Senão vejamos. Contrastando com a subcontratação tradicional, o "Contract Manufacturing" não persegue tanto a redução de custos, mas fundamentalmente a resposta rápida ao mercado pela introdução de novos mecanismos, técnicas, procedimentos e flexibilidade tecnológica, permitindo que as empresas clientes se centrem na inovação e nas atividades consideradas "core".

Na sua versão moderna, o "Contract Manufacturing" começou com os primeiros PC's da IBM em 1981, mas só durante a década de 1990 se estendeu a produtos mais correntes, tendo a sua grande difusão a ver com o duplo jogo de maiores vantagens de especialização e menores custos de intercâmbio.

As vantagens de especialização estão sobretudo ligadas a mudanças tecnológicas que facilitam uma maior especialização das indústrias, mediante processos flexíveis e robotizados e maior complexidade técnica do seu funcionamento. Da mesma forma, em termos de custos, esta descentralização processual possibilita a diminuição de investimentos para quem subcontrata e a consequente obtenção de economias de escala e eliminação de barreiras à entrada na indústria, condições estas só possíveis de obter graças a este tipo especialistas e ao seu volume de produção e experiência. Para além destas vantagens, estes contratos de manufatura fornecem ainda a diversificação relacionada e diluem a diferenciação construída sobre estratégias de "zero defeitos" e variedade de gama, reduzindo simultaneamente os custos de coordenação através de novos standards e serviços Web.

Ou seja, graças ao "Contract Manufacturing" é possível hoje em dia combinar competências de forma inteligente, proporcionando, não apenas o aumento da rentabilidade, a diminuição do risco e o aumento da flexibilidade, mas também, um melhoramento substancial da capacidade de resposta às necessidades dos clientes e ao menor custo.

## 5. A Coordenação e o Controlo

Muito embora, sejam inúmeras as vantagens do recurso ao "Outsourcing" é fundamental no entanto ter atenção que maior delegação não requer menos controlo para ser eficiente, pois se assim for corre-se o risco de uma possível catástrofe estratégica, realçando-se aqui a importância crucial dos cuidados a ter com os custos de transação.

Williamson (1979), por exemplo, defende que o "Outsourcing" gera custos de coordenação mais elevados, porque o contratante tem que controlar e coordenar o desempenho do subcontratado, sendo que estes custos podem revelar-se particularmente mais elevados quando o contratante não tem outras alternativas, além do subcontratado existente. Nestes casos, aconselha que seja prestada redobrada atenção, aquando da negociação contratual, procurando-se, essencialmente, criar mecanismos que impeçam que a escalada dos custos de coordenação possa vir a absorver as eventuais poupanças que decorram da presumível maior eficiência produtiva do subcontratado.

Face ao exposto, é pertinente vincar a importância fulcral da existência de um contrato formal, bem como a importância da respectiva negociação abranger todas as situações relevantes, de que se destacam: os seus termos e condições, as penalidades por desempenho deficiente, a definição detalhada de planos de transição, a adaptação a alterações do volume ou requisitos, o calendário relativo à sua implementação, as condições de pagamento em termos de valores e prazos, as condições de rescisão do contrato, o nível qualitativo do serviço pretendido, e o estabelecimento de mecanismos de controlo e avaliação de desempenho. Isto não retira, de forma alguma, a importância de criação e manutenção de um relacionamento de parceria entre as partes, mas tão somente reforça que "mais vale prevenir que remediar" (Rothery e Robertson, 1995: 225).

Desde logo, o contrato negocial deve ser conduzido num espírito positivo, assumindo da mesma forma uma "navegação" implícita em confiança, pois esta será a base de todo este mecanismo de governabilidade. De fato contratos precisos, serão o remédio futuro para o caso do desempenho não vir a corresponder às expectativas criadas, ajudando a preservar o relacionamento durante todas as fases de maior dificuldade. É por esta razão que a fase contratual é denominada o "core" do relacionamento de trabalho, e que segundo Duening e Click (2005) deve incluir sempre: espaço de trabalho, acordos sobre o nível de serviço, fixação do preço, termos do contrato, governabilidade, propriedade intelectual, interesses específicos da indústria, término do contrato, transição, força de trabalho e definição de disputa.

## 6. As Vantagens da Parceria Estratégica no *"Outsourcing"*

É unanimemente aceite a ideia de que as alianças estratégicas, são hoje consideradas um fator de vida nos negócios modernos. Ou seja, uma cooperação eficaz entre empresas ou áreas funcionais é uma das principais formas de alcançar objetivos estratégicos, tirando partido dos benefícios mútuos que serão obtidos por esta forma de gestão, essencialmente no incremento de vantagens competitivas associadas ao fato de se poderem reduzir os riscos de investimento no projeto[2] (Wheelen e Hunger, 1998).

Contextualizando o tema numa componente mais prática, podemos dizer que as atividades ou funções potencialmente compartilháveis são uma fonte poderosa de vantagem competitiva para as organizações e estes

---

[2] Outsourcing estratégico – Implica o estabelecimento de relações de cooperação entre a empresa-cliente e os seus principais fornecedores, o que inclui a partilha das responsabilidades na melhoria das tecnologias, flexibilidade e eficiência na cadeia operacional (Reis, 2008).

benefícios de compartilhar tornam-se particularmente mais potentes caso existam custos conjuntos. Neste caso, estão a ser criados ativos intangíveis, tais como partilha de know-how e diversificação tecnológica, sendo que o custo de criar este ativo será suportado apenas uma vez na fase inicial, pois no futuro todo o processo será suportado pela introdução dos novos automatismos introduzidos (Porter, 1986).

Na mesma linha de pensamento, as parcerias estratégicas através do recurso ao *"Outsourcing"* e à racionalização da produção, não fogem à regra, pois têm permitido às organizações partilhar os riscos e, simultaneamente, garantir a flexibilidade necessária para competir num ambiente caracterizado por uma concorrência crescente, baseada em competências estratégicas, ciclos de produção cada vez mais curtos, orientação para o cliente e liderança através de custos. Mas não se pense que se ficam por aqui as vantagens deste processo. Para além das vantagens mencionadas, Bidault e Cummings (1994), reconhecem ainda a existência também de outras mais valias ocultas, ou, pelo menos não tão evidentes, sendo que estas derivam, sobretudo, do fato de permitirem o relacionamento e envolvimento de várias organizações com culturas, experiências, estilos de gestão e competências distintas.

Entre estas vantagens podem-se identificar; o know-how que é gerado e que pode constituir uma importante fonte de inovação e mudança; a possibilidade dos parceiros poderem fazer "benchmarking" e tomar contato com algumas boas práticas, assim como, identificar fraquezas a partir da evidenciação das suas competências, e a oportunidade de poderem vir a ser alterados alguns processos de gestão, dado que os parceiros revelam-se muitas vezes mais exigentes do que os próprios clientes finais.

Em suma, é facilmente constatável que são inúmeras as vantagens da aposta na externalização, sendo mesmo por esta razão, que Ansoff (1977:163), menciona que "o companheiro natural da vantagem competitiva é a sinergia da estratégia", devendo estas ser compatibilizadas e idealmente uma deverá ser o complemento da outra. Ainda assim, é importante realçar a importância vital de um estudo detalhado deste processo, isto porque parafraseando Sá (2005, 152), "para que se obtenha uma aliança de sucesso, os benefícios potenciais devem compensar os custos e riscos em pelo menos 25%".

# Capítulo III
# O "*Outsourcing*" dos Sistemas de informação como Instrumento de Competitividade no Setor da Banca

## 1. A Tecnologia como Vantagem Competitiva

Já na década de 1990, Porter, na sua obra "Vantagem Competitiva: Criando e Sustentando um Desempenho Superior", referenciava que era claramente visível que a tecnologia afeta a vantagem competitiva se tiver um papel significativo na determinação da posição do custo relativo ou da diferenciação, pois segundo o autor, as empresas "que conseguem descobrir uma tecnologia melhor para executar uma atividade do que os seus concorrentes ganham, portanto, vantagem competitiva" (Porter, 1990:158).

O que se tem verificado ao longo dos anos é que melhorar a capacidade de gestão, tornou-se de fato uma questão de sobrevivência para as organizações e as tecnologias tem redefinido os conceitos de tempo e de espaço para um novo contexto e, novos contextos implicam mudança, ação, dinamismo.

A informação, potenciada pelas tecnologias de informação e de comunicação, assume assim, o papel e a importância devida na criação de valor, num mercado onde o conhecimento do cliente, dos concorrentes, dos fornecedores e restantes gestores económicos, se torna vital para a concepção e implementação de estratégias empresariais.

Neste âmbito, importa realçar conforme será apresentado mais â frente, o conceito de negócio do modelo de gestão adaptado de Abcouwer & Truijens (2006), cujo conceito está intimamente ligado ao binómio serviço/mercado, incorporando pelo meio uma grande componente tecnológica de caráter transversal, procurando que as empresas possam oferecer aos seus clientes (internos e externos) uma oferta facilitadora do seu bem-estar, da mesma forma que representa o economizar de tempo e recursos para a empresa através do potenciamento das tecnologias de informação de gestão.

Remetendo esta contextualização para o âmbito do setor da banca em Portugal, torna-se evidente que algumas instituições bancárias procuram claramente a liderança tecnológica no seu setor de atividade e adotam para isso uma atitude agressiva procurando ser pioneiras na mudança, podendo enumerar-se um conjunto de vantagens pela adoção desta conduta (Adaptadas de Porter, 1990):

- Reputação: Visa o estabelecimento de reputação por ser pioneira ou líder, cujos imitadores terão dificuldade de superar.

- Aprendizagem: Sendo o pioneiro podem-se obter vantagens de custo e diferenciação, podendo estabelecer uma vantagem duradoura de custo e/ou diferenciação, se conseguir manter a sua aprendizagem por muito tempo.

- Definição de Padrões: Podem-se definir os padrões para a tecnologia ou para outras atividades, forçando os que se movem posteriormente a adotar esses padrões.

- Barreiras Institucionais: Pode beneficiar de barreiras institucionais contra imitação, assegurando patentes ou sendo o primeiro no país, pode obter estatuto especial junto de outras organizações, tais como, a Sibs Processos, Sibs SA, Banco de Portugal, CMVM).

- Lucros Iniciais: Pode desfrutar temporariamente de lucros altos devido a esta situação. Neste caso em concreto, beneficiando de uma redução de custos substancial pela automatização de processos sem recurso a intervenção manual na inserção de quaisquer dados.

Ao atuar como líderes tecnológicos os bancos podem obter não só vantagens competitivas, mas também vantagens de ser pioneiros na adoção da inclusão de novas tecnologias. Ainda assim, é importante realçar que tal comportamento poderá acarretar também algumas desvantagens, quer através dos custos de ser pioneiro, quer essencialmente por poderem vir a existir possibilidades de imitação de baixo custo, pois poderão existir condições para outras instituições bancárias poderem imitar a inovação por um custo inferior ao custo de inovação.

Logo, é indiscutível que a mudança encerra um risco potencial, mas sejamos realistas, praticamente todas as medidas elevado potencial o encerram. É nesta medida que a mudança terá sempre de ser vista como uma oportunidade, devendo desde logo, trabalhar-se de forma a evitar os riscos que lhes estão inerentes. Isto requer negociação, comunicação, competência de negócio e deve acima de tudo ser caracterizada pela confiança e alinhamento de valores (Duening e Click, 2005), sem nos esquecermos de que a transição deverá ser gerida cuidadosamente através de um plano de gestão de projetos eficiente e respeitar o papel estratégico definido pelos líderes ou gestores que o conduzem.

## 2. A Infraestrutura Estratégica no Processo de *"Outsourcing"*

É importante, a partir da análise do ponto anterior, abordar este paradigma do ponto de vista daquilo que se constitui como gestão empresarial. O ciclo da gestão inclui três vértices distintos, todos ligados entre si e sem princípio ou fim aparente – o Planeamento, a Implementação e o Controlo (Figura 09).

FIGURA 09: *O Ciclo de Gestão*

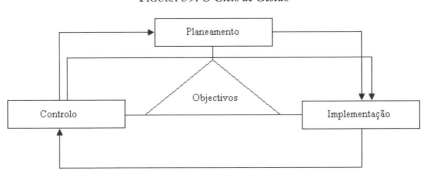

Fonte: Adaptado de Wheelen e Hunger (1998)

No desdobramento dos diferentes vértices deste ciclo, podemos dizer que a implementação estratégica segue-se à formulação estratégica, considerando as condições de sucesso para que aquela implementação seja conseguida, onde se incluem as alterações requeridas no sistema social, os princípios da tomada de decisão económica e os fatores que determinam a eficácia da alteração estratégica. Neste contexto, ainda se deverá ter em atenção a estrutura, que é o suporte daquela implementação, o planeamento da empresa, que é o instrumento de aplicação da decisão estratégica, onde deve ser considerada a liderança, e, por fim, o controlo de gestão para avaliar a estratégia implementada (Reis, 2008).

A vertente de controlo de gestão tem por finalidade verificar se a estratégia da empresa está a ser conseguida. Este pode ser definido como um esforço sistemático para fazer coincidir os indicadores de atividade com os objetivos da estratégia, estabelecer sistemas de informação da atividade desenvolvida, comparar a atividade atual com os standards (padrões) previamente estabelecidos, determinar a eventual existência de desvios e avaliar a sua importância, e ainda assegurar que todos os recursos da empresa estão a ser utilizados da maneira mais eficaz e eficiente possível para alcançar os objetivos da empresa (Reis, 2008).

Assim, a implementação diz respeito à própria execução do planeado e o controlo de gestão ao exercício de verificar as divergências entre o planeado e o executado, e as consequentes correcções nos ciclos seguintes.

Contextualizando esta vertente para o tema *"Outsourcing"*, esta análise remete-nos para um "Plano de Negócios de *"Outsourcing"* – Gestão de Projetos" (Duening e Click, 2005), isto porque embora o contrato de *"Outsourcing"* possa estar selado e assinado, este não providencia por si só a flexibilidade e responsabilidade necessária para gerir um projeto de continuação. Requer-se neste contexto um segundo documento, o plano de gestão do projeto, pois o contrato não nos evidencia os detalhes inerentes a um projeto desta dimensão. Este, necessita de ser fluído e estar adaptado às condições específicas das mudanças que se irão encontrar na empresa, devendo explicitar provisões relativamente aos ajustamentos que se irão verificar. Ao mesmo tempo este deverá conter detalhes básicos de gestão de projetos, tais como, objetivos, "milestones", tempos de execução limites e, aspectos chave da definição do trabalho.

Parafraseando Rascão (2008), as funções e os processos de gestão devem ser sempre apoiados com informação de qualidade e oportuna para alocar e gerir os recursos organizacionais, de modo a acompanhar a evolução e o controlo dos resultados de todas as unidades processuais.

Outros aspectos a ter em consideração na infraestrutura do conhecimento de um projeto de "*Outsourcing*" quando dois sistemas computorizados se interligação a partir de dois diferentes locais físicos, é a manutenção da integridade e segurança da informação. Neste contexto terá de se saber gerir o desafio da mudança dos dados, assegurando que o software analítico dos sistemas não estão corrompidos ou possam vir a estar e implementando um efetivo sistema de "backup" e linhas guia de segurança (Duening e Click, 2005).

Na fase de implementação e controlo do processo, deve ainda ser constituído um grupo de trabalho ou se quisermos um comité permanente[3] na área do serviço a externalizar, sendo que cada elemento ficará responsável por uma determinada área do projeto, de forma a que sejam desenvolvidos "testes em qualificação" e elaborados relatórios funcionais sobre as eventuais anomalias que venham a ser detectadas, de forma a que sejam corrigidas posteriormente pela área em questão.

Este comité administrativo deverá reunir-se semanalmente, passando em revista todos os assuntos do plano operacional do projeto, funcionando essencialmente como meio de comunicação e mecanismo de transmissão à organização de informação sobre o desenrolar das atividades inerentes ao projeto que se está a desenvolver.

Ainda assim, "quando se exige uma maior coordenação por ajustamento mútuo do que a proporcionada por postos de ligação, grupos de trabalho e comités permanentes, a organização pode designar um quadro integrador, ou seja, um posto de ligação com caráter de autoridade formal" (Mintzberg, 1995: 190). Neste sentido, deverá existir a inclusão de um indivíduo que estará sobreposto à equipa de trabalho sendo-lhe atri-

---

[3] Agrupamento interdepartamental de natureza mais permanente, que se reúne regularmente para discutir assuntos de interesse comum (Mintzberg, 1995).

buído o poder de coordenação de todas as atividades, atuando como quadro integrador. Segundo Galbraith (cit in Mintzberg, 1995), a este elemento deverá ser dado o poder de aprovar as decisões já elaboradas, a possibilidade de poder intervir mais cedo no processo de decisão e o poder de controlo sobre esses mesmos processos de decisão.

Em termos estruturais, a equipa deverá ser constituída de forma divisionada, caracterizada numa descentralização global e verticalmente limitada (Mintzberg, 1995), sendo que cada elemento da equipa deve atuar autonomamente em termos de controlo dos processos operativos subjacentes à área que estará a testar, deixando todo o poder decisional para o quadro integrador – Figura 10.

Figura 10: *Estrutura da Equipa de Trabalho*

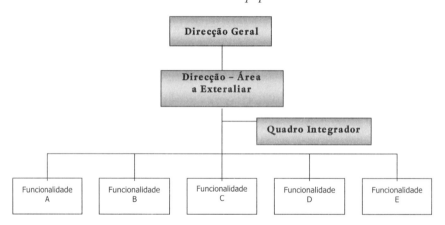

## 3. O *"Outsourcing"* como Fator de Competitividade no Setor da Banca

Drucker (1969), define a gestão como a decisão racional e informada. Para o autor gerir consiste em governar uma organização, isto é, precisar os objetivos que os gestores pretendem atingir, a seleção e alocação dos recursos necessários para atingir os mesmos e, a capacidade dos gestores em avaliar o resultado das decisões, graças a uma recolha, tratamento e análise adequada de informações rápidas, completas, claras, relevantes e oportunas.

Mas para além desta visão, tem-se a acrescentar o fato de que os objetivos[4] estão diretamente relacionados com o desempenho. Se por um lado, desempenho é o resultado final da atividade (Sá, 2005), por outro, a chave do sucesso está na diferenciação da concorrência em áreas de qualidade e serviços, focada em determinado segmento de mercado e que vá ao encontro das necessidades dos clientes e nas mais-valias que estes possam obter pela adoção de um novo método de trabalho que lhes proporcione efetivas mais-valias de futuro (Wheelen e Hunger, 1998).

A externalização de atividades tem como característica a enfatização disto mesmo, permitindo às empresas continuar com o seu projeto de inovação, centrado em competências "core", recursos e ofertas cada vez mais facilitadoras do bem-estar do cliente, focalizando-se nas três chaves de sucesso que com certeza influenciarão a consolidação da sua reputação no mercado e possibilitarão ao mesmo tempo alcançar maior quota no seu setor de atividade.

Numa era de competição particularmente intensa, a externalização, surge assim, como uma importante componente na tomada de decisão estratégica e uma importante forma de aumentar a eficiência e qualidade nas várias atividades empresariais. Este processo é visto por muitos gestores como a resposta ideal: uma opção que promete reduções de custos, melhor qualidade e, mais importante, a capacidade de libertar recursos para serem focados no negócio, concentrando-se em competências centrais. Mas o "*Outsourcing*" não oferece apenas reduções de custos: é de fato uma ferramenta influenciadora e poderosa de mudança organizacional, trazendo uma vida nova à organização e à cadeia processual das empresas.

Mas importa mencionar que estratégia é sacrifício e dada a especificidade do tema "*Outsourcing*" tem de se dar especial ênfase às alianças, per-

---

[4] Os objetivos são regras de decisão que habilitam a orientar e medir o desempenho da empresa ou atividade no sentido da consecução dos seus propósitos, funcionando como instrumentos de administração, que requerem que sejam feitas escolhas e compromissos a partir de um ponto de vista específico (Ansoff, 1977).

seguindo dois objetivos muito concretos; a compra de tempo e a multiplicação de pontos fortes (Sá, 2005), para que se possam combinar recursos e aproveitar sinergias de forma a criar vantagens competitivas.

Assim, contextualizando todos os desenvolvimentos abordados anteriormente ao longo deste livro, é facilmente perceptível que são inúmeras as vantagens pela adoção de uma estratégia de desenvolvimento empresarial ligada à componente *"Outsourcing"*, destacando-se não somente a inclusão de novas tecnologias, mas sobretudo a importância fulcral do conhecimento coletivo gerado e adquirido, das habilidades criativas e inventivas, dos valores, das atitudes e dos comportamentos, bem como a motivação das pessoas que as integram e o grau de satisfação dos clientes, isto é, cada vez mais mente e menos músculo.

O setor bancário português por exemplo, como já foi referido, representa um exemplo paradigmático neste contexto, tendo já firmados contratos de *"Outsourcing"* com a IBM que somam uma receita de mil milhões de euros, visando o fornecimento e gestão de infraestruturas de sistemas de informação por períodos de 10 anos.

A gestão eficiente caracteriza-se por isso pelo ênfase dado ao portfólio de competências (Hamel e Prahalad, 1995; Ansoff, 1965), ao laço comum entre atividades da empresa e relações produto-mercado (Ansoff, 1965), ao padrão de princípios objetivos, propósitos, metas, politicas e planos das empresas (Andrews, 1971), às artimanhas de sobrevivência e sustentação (Mintzberg, 1987), ao talento individual e, sobretudo, à sinergia de trabalhos em equipa numa lógica "win-win" de criação de valor (Lopes da Costa, 2010). Mas para isso é necessário que os gestores desenvolvam as competências e as capacidades para atingir os objetivos organizacionais e, essas competências e capacidades, envolvem também a transformação da arquitetura organizacional e a gestão por processos. Ou seja, há que rever as estruturas mais adequadas como meio para a excelência nos processos de negócio.

Esta situação remete-nos para o fato de que uma estratégia de liderança baseada apenas no preço será difícil de manter a longo prazo, pelo que os gestores terão de pensar mais numa estratégia de crescimento e de diferenciação através da redução de custos e de melhoria de produtividade ao longo da cadeia de valor, por forma a gerar um volume maior na qualidade dos seus produtos/serviços.

É neste âmbito que importa realçar o conceito de negócio do modelo de gestão adaptado de Abcouwer & Truijens (2006), cujo conceito está intimamente ligado ao binómio serviço/mercado, incorporando pelo meio uma grande componente tecnológica de caráter transversal, procurando oferecer aos seus clientes (internos e externos) uma oferta facilitadora do seu bem estar, da mesma forma que representa o economizar de tempo e recursos para a empresa através do potenciamento das tecnologias de informação de gestão – Figura 11.

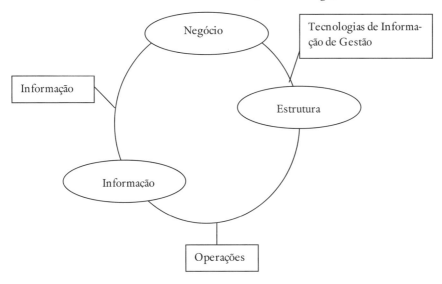

FIGURA 11: *Modelo de Gestão ("Outsourcing")*

Fonte: Adaptado de Abcouwer & Truijens (2006)

Considera-se portanto, que as empresas devam implementar no seu contexto empresarial a abordagem contingencial que tem vindo a ser utilizada no setor bancário, de forma a colocarem o enfoque em estudos que incorporem a hipótese de recorrer a subcontratados no melhoramento de determinadas medidas que visem a regulamentação de parâmetros e a execução de funções de forma automatizada, sem intervenção humana. Ou seja, à de fato que criar mecanismos que desencadeiem projetos integrativos, capazes de efetuar funções que vão da mais simples à mais complexa, permitindo que os sistemas venham a ser controlados de modo inteligente, tanto individualmente quanto em conjunto, visando o alcançar de um maior conforto, informação e segurança e, sobretudo, que visem a externalizacão de atividades, pressupondo que as suas tarefas possam vir a ser apenas residuais de monitorização e controlo, o que atualmente não se verifica no tecido empresarial português.

## 4. Conclusão

Numa era de competição particularmente intensa, a externalização de serviços está a tornar-se cada vez mais numa importante componente na tomada de decisão estratégica e uma importante forma de aumentar a eficiência e qualidade nas várias atividades empresariais, sendo visto por muitos gestores como uma ferramenta influenciadora e poderosa de mudança organizacional (Ferfusson, 1996), trazendo uma vida nova à organização e à cadeia processual da empresa. O que se pretendeu neste capítulo foi exatamente enfatizar o real valor desta moderna ferramenta de gestão estratégica, mostrando que o potenciamento das tecnologias de informação de gestão quando combinadas com o *"Outsourcing"* são de fato uma inevitabilidade virtual que tende a ganhar cada vez mais espaço no contexto empresarial, podendo esta visão ampla de negócio fomentar criatividade e dinamismo nas operações operativas das organizações na mesma linha do que tem vindo a ser realizado a este nível pelo setor bancário.

Não sendo assim provável que o interesse das organizações diminua num futuro próximo, este tema vai com certeza continuar a tocar a vida de muitos: dos gestores de topo, dos profissionais de sistemas de informação e dos próprios utilizadores, que necessitam de se ajustar a novas pessoas, culturas e procedimentos. Nesta medida, a mudança terá sempre de ser vista como uma oportunidade, devendo desde logo, trabalhar-se de forma a evitar os riscos que lhes estão inerentes. Isto requer negociação, comunicação, competência de negócio e deve acima de tudo ser caracterizada pela confiança e alinhamento de valores (Duening e Click, 2005), sem nos esquecermos de que a transição deverá ser gerida cuidadosamente através de um plano de gestão de projetos eficiente e respeitar o papel estratégico definido pelos líderes ou gestores que o conduzem.

# Capítulo IV
# O "*Outsourcing*" como Instrumento de Competitividade Empresarial na Indústria de Consultoria

### 1. A Consultoria de Gestão

A crescente pressão dos mercados, caracterizada por uma intensa competitividade e instabilidade, leva as organizações e as pessoas a repensar as suas estratégias de relacionamento com as outras partes. À medida que as organizações se vão orientando para as suas áreas centrais (core business), libertando-se de áreas/atividades que não dominam, a dependência em relação às fontes externas de fornecimento aumenta (Lopes da Costa, 2009).

A complexidade e instabilidade aqui descritas rebusca sem duvida o pensamento de Bruce Henderson (1979), o criador da consultora BCG (Boston Consulting Group), assente no pressuposto de que o mundo das empresas é uma verdadeira seleção natural, tal como ela existe ao nível das espécies, onde o foco deve ser acima de tudo direcionado para uma boa compreensão do contexto natural (envolvente).

As organizações são deste ponto de vista analisadas numa ótica económica, política, organizacional e individual, onde mercado livre e cliente são fundamentalmente os dois focos de domínio em termos de relações socais (Du gay, 2005) e desenvolvimentos como portfólio, contrato de trabalho, mercados internos, "*Outsourcing*" e mudança organizacional imperativa continuam a dominar a pesquisa organizacional em todo o mundo (Barley e Kunda, 2004; Beer e Nohria, 2000).

Segundo Canback (1998), estes e outros campos do domínio da gestão são o que constitui a evolução das disciplinas estratégicas nas organizações e têm sido em larga escala difundidos pelo setor de consultoria de gestão, descrevendo o setor como o caminho de sucesso que deve ser abraçado pelas empresas na contextualização da sua orientação estratégica e os seus profissionais como os verdadeiros disseminadores do complexo fenómeno de evolução empresarial até hoje conhecido.

Embora os primeiros passos do setor de consultoria de gestão remontem ao inicio do século XX, demarcando-se nessa altura Frederick Taylor, Henry Gantt, Arthur D. Little, Harrington Emerson e Edwin Booz, todos estes com contributos inestimáveis em termos das ciências de gestão empresariais em geral e de eficiência operacional em particular (Canback, 1998), numa pequena retrospectiva histórica, o primeiro crescimento do setor da consultoria de gestão, em termos da influência e contribuição que trouxe para o crescimento da industria dá-se na década de 1950 (Stryker, 1954), sendo apelidado por Drucker (1979) vinte e cinco anos mais tarde como um setor extraordinário e um fenómeno único no contexto empresarial e, não apenas pela ajuda única, singular, objetiva e independente que traduz na resolução de problemas concretos (Greiner e Metzger, 1983; Canback, 1999), mas também pela experiência que transporta e que aparece muitas das vezes associada a resultados relacionados com alta produtividade.

Desde essa mesma altura, muitas têm sido as empresas que têm sido reconhecidas e têm contribuído para a conceitualização histórica do setor, ainda que seja a partir da década de 1960 que se comecem a reconhecer os verdadeiros desenvolvimentos nesta área. Os primeiros passos dos conceitos de estratégia e consultoria estratégica foram operacionalizados então em 1963 pela Boston Consulting Group, formada quando Bruce Henderson sai da Arthur D. Little para esta nova organização. A partir desta data uma segunda geração de especialistas começa a contribuir para o que viria a ser hoje em dia a verdadeira indústria de consultoria e especialistas estratégicas como a Bain e Company, Strategic Planning

Associates, Braxton Associates, Lek Partnership e Monitor Company registam a sua presença no contributo decisivo que concederam para a evolução deste setor (Canback, 1998).

Esta espantosa transformação é exemplificativa do que a indústria se tem tornado desde os seus primórdios, ou seja, num elemento significante no atual-dominante setor de serviços e no próprio conhecimento da economia, sendo por essa mesma razão que a consultoria tem aparecido ligada a novas formas do "elegante" conhecimento de gestão nas suas mais variadas formas (Fincham e Clark, 2002), sendo atribuído aos consultores o papel chave em termos de criação, disseminação e transferência de novas ideias de gestão e, não apenas ideias em termos meramente comerciais, mas também todas aquelas que estão diretamente ligadas às verdadeiras práticas de gestão a adotar.

Mas, analisando este contexto de forma retrospectiva e parafraseando Porter (1980), entre os anos de 1950 e meados de 1980, a principal preocupação do setor de consultoria estava sobretudo centrada no desenvolvimento organizacional, cujo principal objetivo da estratégia se centrava na identificação de um determinado problema para posteriormente propor soluções para a sua resolução.

No entanto, muitas das verdades absolutas relacionadas com o modo de gerir as organizações, nos dia de hoje, estão a ser cada vez mais discutidas e questionadas. O mundo cada vez mais complexo em que vivemos, onde acontecimentos aparentemente dispares se interrelacionam e os desenvolvimentos tecnológicos esbatem as fronteiras entre os setores de atividade económica, exige um caminho de reflexão que indique claramente a forma de se conseguirem obter ligações coerentes entre o binómio qualidade e estratégia (António, 2006).

Estas e outras preocupações têm também centrado a atenção da atual literatura da gestão de consultoria, reproduzida por alguns autores que têm seguido este assunto. Segundo Fincham e Clark (2002) estes paradoxos, são os motivos que levam efetivamente os investigadores académicos a trazer esta problemática para o estudo da consultoria de gestão, até porque, segundo os autores, este setor representa uma das formas que torna possível externalizar a gestão e potenciar efeitos de inovação dado o paralelismo existente entre os assuntos de consultoria, a gestão central de estruturas e processos e, uma excelente gestão de vários paradoxos para os profissionais destes novos tempos, tais como; pensar a longo prazo, mas mostrar resultados imediatos; inovar sem perder a eficiência; colaborar mas também competir; trabalhar em equipa, sendo avaliado em termos individuais; ser flexível sem romper os padrões; conviver com o real cada vez mais virtual; manter a liberdade, mas estar cada vez mais ligado em rede; procurar a perfeição no meio da rapidez; ser agressivo, sem perder a emoção e o respeito pelos outros; agir rápido e por impulso, mas com consciência e responsabilidade; ser empreendedor, mas mudando e inovando permanentemente.

Mas serão estas modernas formas de ver a gestão disseminadas pelos consultores (Fincham e Clark, 2002)? Serão estes mediadores de conhecimento e geradores e distribuidores de novos conhecimentos (Thrift, 2005)? São as suas ideias refletidas e dominantes no conhecimento de gestão e no campo da aprendizagem organizacional (Sturdy, 2009)?

Os estudos que têm sido levados a cabo em alguns dos maiores bancos privados portugueses no acompanhamento e avaliação de diferentes projetos de tecnologias de informação, conduzidos por consultores de importantes empresas de consultoria em Portugal dizem-nos que sim.

De fato a critica muitas vezes associada à consultoria de gestão assente na denominação dos consultores como racionalizadores, cujo ênfase se focaliza no corte de custos e postos de trabalho para fazer face aos problemas do imediato (O'Shea e Madigan, 1998; Craig, 2005) fica de certa forma disseminado neste contexto, ficando evidenciado por outro lado a concentração dos consultores na procura de um conjunto de produtos e serviços que satisfação no futuro os seus "Shareholders", face a uma gestão e coordenação criteriosa de recursos que trazem uma vida nova à organização e à cadeia processual da empresa através da descentralização no exterior de atividades que não são chave no conjunto de competências distintas desta, provando que uma gestão eficiente dos recursos pode ser o foco de vantagem competitiva, quer pela redução de custos fixos, quer ainda, pelos possíveis ganhos de eficiência que poderão ser obtidos pela libertação de tempo aos executivos, que poderão dedicar-se mais atentamente às competências centrais da empresa, reforçando-as e aumentando a competitividade dos seus produtos/serviços.

O foco coloca-se então sobre a contribuição, conceitualização e compreensão da natureza do trabalho de consultoria (Fincham e Clark, 2002) e sobre o real valor dos consultores na forma como demonstram esse mesmo valor aos seus clientes (Alvesson, 1993; Clark, 1995; Starbuck, 1992).

Neste capítulo procura-se exatamente ilustrar estes pressupostos, mostrando a partir de vários relatos tidos com gestores seniores de algumas instituições bancárias que os consultores podem ser de fato uma poderosa ferramenta influenciadora de mudança organizacional (Sturdy e Wright, 2008) talhados de conhecimentos base técnicos e comportamentais para ajudar os seus clientes e melhorar as práticas organizacionais destas empresas.

Em boa verdade, seguindo a linha evolutiva do estudo da estratégia organizacional (momento do posicionamento assente na construção e defesa de vantagens competitivas versus o momento do movimento caracterizado a partir de meados de 1990 pela transitoriedade dessas mesmas vantagens, cuja inovação reflete o foco de crescimento e expansão (António, 2006)), numa era de competição particularmente intensa, o *"Outsourcing"* ganha nesta perspectiva manifesta preponderância na nova organização contextual das empresas, englobando as características da emergente sociedade de trabalho em rede, passando as empresas de consultoria a incorporar novos tipos de serviços ligados ao *"Outsourcing"*, sendo relatado por muitos gestores como tendo sido a resposta ideal, uma opção que permitiu reduzir custos, melhorar a qualidade e, mais importante, ter dado a capacidade de libertar recursos para serem focados no negócio, concentrando-se em competências centrais.

A estratégia neste contexto representa o resultado da conjugação dos recursos existentes com as atividades desenvolvidas e que, conjuntamente, geram competências específicas que sustentam vantagens competitivas, com um objetivo único de criação de valor, quer sob o ponto de vista de mercado, da organização ou dos acionistas, o que vem de certa forma contrapor a versão de Alvesson (2001) – sustentada no fato de que os consultores não são detentores de um conjunto sustentável de conhecimentos base que sustentem a sua atividade, estatuto e credibilidade e, a visão Chinesa e da Europa Ocidental cujos profissionais de consultoria são possuidores de um poder incrível que na maior parte das vezes deriva do nada e é repercutido em algo não contabilizável e cuja visibilidade é nula (Micklethwait e Wooldrige, 1996; O'Shea e Madigan, 1998).

## 2. A emergência do *"Outsourcing"* e do "focus" da Gestão Criteriosa de Recursos no Setor de Consultoria de Gestão

Muito embora a crescente pressão dos mercados, tenha levado as organizações e as pessoas a repensar as suas estratégias de relacionamento com as outras partes, a verdade é que tradicionalmente este relacionamento tende a ser caracterizado por uma forte dicotomia. Todo o ensinamento que nos é dado desde tenra idade vai nesse sentido: "eu ganho porque tu perdes". Esta forma de estar está na origem da maior parte dos relacionamentos que se estabelecem entre organizações e pessoas e é caracterizada por ser do tipo "win-lose" (ou "lose-win" dependente da perspectiva de quem analisa).

Como já referido, esta forma de relacionamento mostrou ser ineficiente, porque no longo prazo, esta abordagem degenera em resultados do tipo "lose-lose" (ie, todas as partes perdem). Em oposição, as relações "win-win" procuram expandir o valor ou os recursos disponíveis pelas partes envolvidas através de processos de negociação integrada e cooperativa. As partes envolvidas negoceiam para determinar o modo mais equitativo de divisão do valor.

Esta lógica de criação de valor de fronteira remete-nos para as frentes empresariais e para a tendência a beneficiar opções de m/l/p cujas atividades rotineiras podem ser subcontratadas adotando uma lógica de parceria (Jogo "win-win" – Colaborativo) cujas atividades de fronteira podem vir de fora, de forma a fazerem o trabalho mais eficazmente (core distributivo cujo enfoque não está na operatividade das atividades).

O relacionamento em rede assenta então no princípio "Network Sourcing; Downstream Focus" que é levado a cabo por algumas empresas de consultoria no desenvolvimento dos seus projetos, caracterizado por pouca operatividade do produto original, controlo do processo, delegação de funções em entidades terceiras e economias de escala pela possibilidade de baixar os custos operativos dos atuais processos (Lars e Gadde, 2008; Bergkvist, 2008), o que vem sustentar a argumentação de Kipping (2002) quando menciona que atualmente a resposta rápida às mudanças periódicas dos interesses dos clientes no setor de consultoria deve estar alicerçado a partir de trabalhos em rede de base informática e em sistemas empresariais alargados.

Mas será que existe potencial para a diferenciação estratégica? Quais as atividades que se devem externalizar e quais as que se devem guardar dentro da empresa? Como transmitido por muitos dos consultores, a resposta a estas questões deve basear-se no fato de que o "*Outsourcing*" deve ser apenas considerado em atividades que envolvam uma baixa importância estratégica ou em que terceiros possam desenvolver as mesmas operações mais eficientemente, mais rápido e fundamentalmente com custos mais reduzidos. Mas, mais importante ainda é focar-se no essencial e nas competências "core", assim como definir claramente o posicionamento competitivo da empresa.

Esta visão estratégica e esta forma de gestão empresarial desencadeada a partir de novos desenvolvimentos económicos e organizacionais, redesenha a nova forma de gestão mencionada por Arruñada e Vasquez (2006), os denominados "Contract Manufacturers". Esta forma de subcontratação não persegue tanto a redução de custos, mas fundamentalmente a resposta rápida ao mercado pela introdução de novos mecanismos, técnicas, procedimentos e flexibilidade tecnológica, permitindo que as empresas clientes se centrem na inovação e nas atividades consideradas "core", possibilitando combinar competências de forma inteligente, proporcionando, não apenas o aumento da rentabilidade, a diminuição do risco e o aumento da flexibilidade, mas também, um melhoramento substancial da capacidade de resposta às necessidades dos clientes e ao menor custo.

Os exemplos deste tipo de inovações, já no inicio do milénio tinham sido ilustradas por Werr e Styhre (2002) quando os autores mencionavam que as empresas de consultoria deviam incluir ligações de longo prazo entre consultores e clientes ou acordos temporários de "*Outsourcing*" de forma a melhorar radicalmente uma operação antes mesmo de iniciar o que quer que seja com o cliente, isto porque nem a abordagem critica e funcionalista suporta qualquer tipo de movimento nesta direção, pois ambas aparecem associadas aos ideais burocráticos que impedem em vez de suportarem inovações nos relacionamentos entre cliente-consultor, o que permite analisar a consultoria num espectro básico (Ehrenberg et al, 1994) de prestação de melhorias incrementais de desempenho.

Por outro lado, esta abordagem vem também por em causa a denominação dos consultores como racionalizadores, focados muitas vezes no corte de custos e postos de trabalho para fazer face a problemas do imediato (O'Shea e Madigan, 1998; Craig, 2005), pois o principal objetivo desta medida é focalizar a empresa e os seus trabalhadores nas atividades "core" numa perspectiva de desenvolvimento, externalizando, minimizando ou eliminando atividades onde esta não é preeminente ou que outros podem de fato fazer melhor e com custos muito menores. Neste caso, estão a ser criados ativos intangíveis, tais como partilha de know-how e diversificação tecnológica, sendo que o custo de criar este ativo será suportado apenas uma vez na fase inicial, pois no futuro todo o processo será suportado pela introdução dos novos automatismos introduzidos (Porter, 1986).

Para além das vantagens mencionadas, tal como reproduzido por muitos consultores, são reconhecidas ainda a existência de outras mais-valias ocultas, ou, pelo menos não tão evidentes, sendo que estas derivam, sobretudo, do fato de permitirem o relacionamento e envolvimento de várias organizações com culturas, experiências, estilos de gestão e competências distintas.

Entre estas vantagens podem-se identificar; o "know-how" que é gerado e que pode constituir uma importante fonte de inovação e mudança; a possibilidade dos parceiros poderem fazer "benchmarking" e tomar contato com algumas "best pratices", assim como, identificar fraquezas a partir da evidenciação das suas competências, e a oportunidade de poderem vir a ser alterados alguns processos de gestão, dado que os parceiros revelam-se muitas vezes mais exigentes do que os próprios clientes finais.

Assim, muitos dos desenvolvimentos levados a cabo por consultores nos projetos por si desenvolvidos vêm dar resposta às fundamentações de McLarty e Robinson (1998), quando mencionam que os consultores devem fornecer conhecimentos importantes para o cliente e fazê-lo de forma a contribuir como uma mais valia, o que representa neste caso que estamos de fato perante profissionais impulsionadores de mudança com conselhos totalmente objetivos no desenvolvimento das suas empresas cliente. O que se constata de fato, é que melhorar a capacidade de gestão, tornou-se uma questão de sobrevivência.

As organizações passam nesta perspectiva a ser vistas numa ótica económica, política, organizacional e individual (Dugay, 2005) e desenvolvimentos como *"Outsourcing"* e mudança organizacional imperativa continuam a dominar a pesquisa organizacional em todo o mundo (Barley e Kunda, 2004; Beer e Nohria, 2000; Sturdy e Wright, 2008).

## 3. O Modelo Sistémico Tridimensional de Consultoria de Gestão

De forma a conceitualizar os dados analisados neste quarto capítulo é necessária no entanto a construção de uma estrutura conceitual que permita relacionar o modelo de gestão de *"Outsourcing"* (Adaptado de Abcouwer & Truijens, 2006) contemplado nos projetos desenvolvidos por consultores de gestão, a abordagem sistémica integrada na perspectiva de concepção do planeamento a partir das dimensões económica, política e organizacional e, a identificação dos diferentes papéis dos consultores (Ludgreen e Blom, 2009) no desenvolvimento do trabalho estratégico que é gerado pelos diferentes vértices de análise do presente modelo – Figura 12.

FIGURA 12 – *O Modelo Sistémico Tridimensional de Consultoria de Gestão*

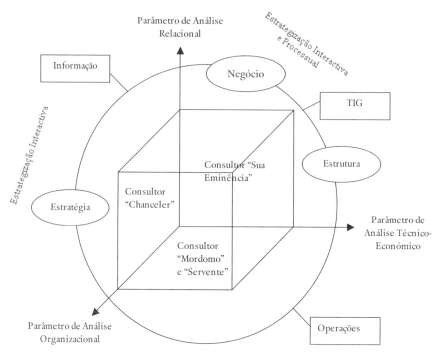

Fonte: Lopes da Costa e António (2010)

Este modelo consiste em três eixos (negócio, estratégia e estrutura) e em três linhas que permitem posicionar melhor os problemas da organização (informação, operações, tecnologias de informação de gestão.

O coração do modelo é o lugar de sustentação do negócio, que é coberto pela arquitetura representada na figura, sendo as componentes estratégica, estrutural, de informação, tecnologia de informação de gestão e operacional primordiais para investigar os campos de atividade detalhadamente e definir a melhor estratégia a adotar. Ou seja, este modelo tem uma função essencial de gestão que permite delinear a estratégia de diversificação a desenvolver sem que o gestor seja um especialista em termos de tecnologias de gestão.

Por outro lado esta abordagem induz uma componente sistémica integrada na perspectiva da concepção do planeamento a partir de três dimensões – económica, política e organizacional.

A decisão estratégica é assim definida como sendo a articulação de equilíbrio coerente que se estabelece entre os sistemas de decisão técnico-económico, político-relacional e organizacional, resultante de uma gestão adaptada e integrada.

O sistema técnico-económico consubstancia a forma de elaboração do planeamento estratégico, com rigor sistemático e de detalhe, envolvendo os meios macro e micro, ou seja o global, setorial e específico e ainda o meio envolvente sistémico da empresa. O que no caso de uma base contratual de *"Outsourcing"* remete para uma opção que permite reduzir custos, melhorar a qualidade e dar a capacidade para libertar recursos de forma a que sejam focados no negócio, concentrando-se a empresa em competências centrais.

A componente político-relacional mostra por sua vez a perspectiva do comportamento estratégico dos atores/sistemas, em presença da envolvente sistémica, neste caso fazendo emergir a sociedade de trabalho em rede, passando as empresas de consultoria a incorporar nas suas empresas cliente novos tipos de serviços ligados a bases contratuais de *"Outsourcing"*.

No outro extremo do sistema à ainda a considerar o sistema organizacional, que engloba os sistemas morfológico, de decisão, burocrático, relacional e de controlo em confronto com a envolvente sistémica, o que pressupõe que no trabalho de consultoria as tarefas do cliente possam vir a estar ligadas apenas a atividades residuais de monitorização e controlo.

Estes sistemas facultam assim uma visão específica e são complementares, pelo que devem ser entendidos a aplicados globalmente, caso contrário a análise será necessariamente limitada.

Fazendo um enquadramento e uma leitura conceitual do modelo e enquadrando as componentes estratégico-económica, operacional (organizacional) e relacional é fácil percepcionar que os requisitos apropriados de desenvolvimento organizacional devem estar fundamentalmente ligados ao desenvolvimento de novas automatizações processuais com base em tecnologias de informação de gestão, como recurso ainda numa base contratual ligada através de serviços de "*Outsourcing*" na implementação de novos métodos que permitam resolver um conjunto de problemas estruturais.

A informação, aqui potenciada pelas tecnologias de informação e de comunicação, assume assim, o papel e a importância devida na criação de valor, num mercado onde o conhecimento do cliente, dos concorrentes, dos fornecedores e restantes gestores económicos, se torna vital para a concepção e implementação de estratégias empresariais.

Neste âmbito, o conceito de negócio aqui representado está intimamente ligado ao binómio serviço/mercado, incorporando pelo meio uma grande componente tecnológica de caráter transversal, procurando oferecer aos seus clientes (internos e externos) uma oferta facilitadora do seu bem estar, da mesma forma que representa o economizar de tempo e recursos para a empresas através do potenciamento das tecnologias de informação de gestão.

Ilustrando o enquadramento conceitual do modelo e as componentes estratégico-económica, operacional (organizacional) e relacional é importante ainda identificar os diferentes papéis dos consultores no desenvolvimento destas atividades, nomeadamente como agem, que trabalho estratégico realizam, que tipo de interações sustentam este mesmo trabalho e com que recursos.

Convergindo então a identificação dos diferentes papéis dos consultores de Lundgren e Blom (2009) no que concerne às atividades que constituem o seu trabalho estratégico em termos das práticas que desenvolvem – O consultor no papel de "Chanceler", "Sua Eminência", "Mordomo" e " Servente" – a posição de "Chanceler" está diretamente ligada ao parâmetro de análise relacional, que incorpora a componente estratégica e de conhecimento (informação sobre o meio envolvente), o que implica que grande parte do seu tempo seja gasto nos mais diversos tipos de interações, quer de caráter formal e/ou informal de forma a providenciar a construção de uma estrutura de informação que facilmente lhes permita definir um rumo estratégico e de influenciar gestores e executivos em decisões estratégicas a desenvolver.

Por seu turno, "Sua Eminência" ainda que tenha acesso a algumas intervenções de caráter interativo com gestores e clientes, o fato de estar associado a um estatuto organizacional não oficial limita-o neste tipo de intervenção, o que faz com que sejam procurados mais frequentemente para dar conselhos e desenvolver ideias e ações que possam gerar valor acrescentado em termos da concepção da estruturação de uma determinada estratégica de negócio que queira ser levada a cabo pelo consultor "Chanceler". Logo, o papel do consultor neste quadrante está diretamente ligado ao parâmetro de análise técnico-económico incorporando as componentes de estrutura, negócio e tecnologias de informação, resultado do trabalho interativo, mas também por vezes processual que se vê "forçado" a desenvolver.

No extremo oposto da figura temos a posição do "Servente", cujo papel é fundamentalmente mais restrito ou nulo em termos de atividades que envolvem interatividade, estando nesta conjuntura estes consultores mais ligados a uma base processual no desenvolvimento das suas atividades, ficando essencialmente ligados ao saber "fazer", não tendo na maioria das vezes possibilidade de influenciar quaisquer decisões, o que na figura é representado pelo parâmetro de analise organizacional e de "operações".

Na mesma linha do "Servente", o papel do "Mordomo" é maioritariamente limitado, ainda que este possa gozar de um estatuto oficial que o primeiro não detém. As atividades do "Mordomo" estão normalmente ligadas ao desenvolvimento, compilação e apresentação de informação sobre determinado contexto que foram incumbidos de trabalhar, o que na abordagem de consultoria é descrito como um "Servente Sénior", cuja visibilidade organizacional lhe permite alguma exposição e estatuto que a posição de "Servente" de todo não detém.

## 4. Conclusão

Parafraseando Drucker (1979), o setor de consultoria de gestão não deve ser visto como uma ciência, nem tão pouco como uma arte, mas deve ser sempre algo a considerar em cenários de incerteza e imprevisibilidade face essencialmente à revolução das tecnologias de informação vividas neste inicio de século XXI e, ainda que muitos autores não tenham esta visão acerca deste fenómeno, uma conclusão que se pode retirar é de que a sua capacidade para resolver problemas, as técnicas que aplicam e o papel que representam na economia global não irão esmorecer certamente e continuará esta indústria a ser o foco de estudo de muita gente, resultado não só do crescimento anual de 20% que tem tido desde 1980 (Canback, 1999), mas também pela preferência por esta carreira escolhida por grande parte dos estudantes que saem todos os anos das universidades e das escolas de negócios e que tornam sem dúvida o setor num verdadeiro campo de oportunidades prevendo-se que continue a suscitar nos investigadores o interesse pela análise desta indústria.

Assim, este capítulo teve como principal objetivo a evidenciação da importância do setor de consultoria face às necessidades atuais de um clima organizacional cada vez mais exigente, sendo por isso necessário apresentar teoricamente um modelo de gestão sistémico tridimensional ligando o setor de consultoria a uma base estratégica desenvolvida com recurso ao "*Outsourcing*", ilustrando uma realidade muito simples, não existe uma melhor forma ou razão para proceder ao "*Outsourcing*" e, mesmo que exista, é garantido que se altere com o tempo, com as pressões do negócio, politicas e com a tecnologia por si só. De fato, a única coisa em que se pode concordar é que o "*Outsourcing*" é uma via que merece ser considerada dado o potencial que encerra.

Aqui o papel do consultor pode ser fundamental, fornecendo conhecimentos importantes para o cliente de forma a contribuir como uma mais-valia na incorporação de determinados parâmetros que estão fora das habilidades e experiência das organizações (McLarty e Robinson, 1998), encaixando perfeitamente nesta concepção a perspetiva do consultor como um ser "híbrido" de Merton (1972) e de Sturdy e Wright (2008), devendo este atuar como um ator externo à organização agindo como um agente interno de mudança, utilizando simultaneamente as visões funcionalista e critica da perspectiva dos consultores (Werr e Styhre, 2002).

Mais uma vez se conclui, que não existem duvidas de que o *"Outsourcing"* é uma inevitabilidade virtual, cuja função do consultor pode contribuir para a formação de determinadas identidades, práticas e ideias que podem promover as organizações nas mais variadas formas (Sturdy e Wright, 2008), não sendo assim provável que o interesse das organizações relativamente ao "business process *Outsourcing*" diminua num futuro próximo.

Os consultores aqui devem funcionar como verdadeiros impulsionadores de mudança, com conselhos totalmente objetivos e com uma noção rigorosa de gestão em termos dos planos de transição a incorporar para uma gestão eficiente desta paradigma, o que remete também para o fato de terem de funcionar um pouco como camaleões com necessidade de se sentir confortáveis em muitos papéis, trabalhando por fora, com antecedência, o papel exato esperado antes de iniciar o projeto (McLarty e Robinson, 1998).

Deve referir-se no entanto que este capítulo serviu um propósito muito objetivo, sendo os seus resultados alicerçados a um contexto muito especifico das vivências do autor, pelo que não podem ser generalizados (Eisenhart, 1989; Yin, 1994), sendo necessárias mais investigações para confirmar os resultados exploratórios, de forma a reforçar e elaborar novas estruturas conceituais a cerca do tema aqui abordado.

# Capítulo V
# O *"Outsourcing"* dos serviços como recurso estratégico de competitividade internacional da economia portuguesa

**1. As teorias económicas da internacionalização**
Nas últimas décadas temos assistido a um considerável avanço no que ao estudo das teorias económicas de internacionalização diz respeito. A um nível meso este avanço tem sido assim explicado fundamentalmente a partir de quatro âmbitos de análise, num âmbito de investigação relativo ao investimento direto estrangeiro (Vermon, 1966, 1974, 1979; Greuber et al., 1967; Hymer, 1976), numa ótica de localização e análise de alianças estratégicas e franchisings, protagonizada por Aliber (1970) e sobretudo pelos estudos de Dunning (1977, 1980, 1997, 2000, 2001, 2003, 2008), na observação de dados focalizados na análise de exportações e licenciamentos (Knickerbocker, 1973; Buckley e Casson, 1976) e, numa ótica refletida nas vantagens e desvantagens da internalização/externalização das mais variadas atividades empresariais (Buckely & Casson, 2010).

Pode observar-se portanto, que têm sido várias as teorias económicas de internacionalização criadas por diferentes autores para explicar esta temática, quer sejam estas explicadas a partir da sua agregação macroeconomia, quer pelas próprias influências comportamentais que enfatizam os problemas associados com a aprendizagem, o comprometimento, e os aspectos culturais da internacionalização no seu processo gradual de aprendizagem.

Num contexto histórico, um dos autores que mais se destacou na investigação do fenómeno internacionalização foi de fato Hymer (1976), abordando a questão a partir da sua preocupação em termos da necessidade de se diferenciarem investimentos financeiros daqueles aos quais denomina como portfólio. Segundo o autor a diferenciação destes dois fatores reside portanto no controlo e motivação explicado com base nas taxas de juro aplicadas.

Assim, segundo Hymer (1976) os investimentos diretos no exterior não podem ser explicados a partir de fatores motivacionais como procura por baixos custos de produção, pois se assim fosse ter-se-ia dificuldade para explicar o porquê de determinadas empresas locais não competirem com sucesso com as estrangeiras. Segundo Hymer (1976), as determinantes da produção internacional são assim explicadas pelas falhas/imperfeições existentes no mercado de bens, pelas economias de escala internas e externas e, pela interferência dos governo em termos de produção e comércio.

Ou seja, segundo o autor ainda que o investimento direto estrangeiro possa validar sempre custos extras e riscos, como custos de comunicação e de aquisição de informação em geral (onde são englobadas diferenças culturais, linguísticas, legais, económicas e de ambiente político nas quais as organizações terão de operar no país hospedeiro), custos de tratamento diferenciado que eventualmente algumas empresas posam enfrentar ou custos e riscos de alteração de taxas de flutuação, a verdade é que as determinantes do investimento direto estrangeiro se resumem a três fatores, falhas de mercado, vantagens e desvantagens que um determinado país possa oferecer e diversificação.

Baseado na Economia Institucional de Coase (1937; 1960), o que Hymer vem de fato acentuar são as imperfeições das transações no mercado como a razão para o crescimento interno das empresas, ou seja, combinação de economias de escala e vantagens comparativas de coordenação da produção via hierarquia interna versus coordenação através do mercado.

Mas daqui ressalta uma questão. Onde obter maiores vantagens? Será a partir da produção doméstica através de exportação?, será a partir da produção num pais hospedeiro através de acordos de licenciamento envolvendo firmas locais?, ou será por via de produção direta no exterior? (Aliber, 1970).

Segundo a teoria de Knickerbocker (1973) – seguidor do modelo teórico de Vernon (1966) – assente em estruturas oligopolisticas, as maiores vantagens para as organizações residem na produção direta no exterior, devendo o investimento das empresas passar pela aquisição de ativos fora do seu país de origem, a fim de controlar totalmente ou parcialmente a operação desses mesmos ativos, sendo esta teoria denominada por Buckley e Casson (2007) como a teoria comportamental das multinacionais, resultante dos fatores rivalidade, incerteza e "timings" de decisões, em que o equilíbrio aqui é definido no pressuposto de que um determinado rival não possa impunemente melhorar a sua posição de mercado à custa de outro.

Tendo em consideração, que os oligopólios se formam através do desenvolvimento de novos produtos, de vantagens de escala e de vantagens assentes em fatores de produção, marketing e gestão, estas são as formas de competir que, segundo Vernon (1966) e Knickerbocker (1973), os competidores têm à sua disposição para gradualmente ir eliminando a concorrência em países estrangeiros. Ou seja, sem excluir as barreiras tarifárias e não tarifárias que podem também ter influência na estrutura competitiva das empresas, podendo oferecer serviços pós-venda diferenciadores, a incerteza e o risco que caracterizam os modelos dos autores podem assim ser combatidos, segundo os mesmos, através dos fatores mencionados anteriormente e da própria aprendizagem continua, a fim de eliminar ou diluir o risco ou a incerteza inerente a qualquer processo de internacionalização.

No entanto, muito embora estes autores tenham contribuído para a evolução do estudo do fenómeno da internacionalização, a verdade é que segundo Buckley e Casson (1976) este modelo é limitado, pois o papel do tempo e, particularmente das mudanças estratégicas neste contexto é vago, sendo esta abordagem designada pelos autores como "programatismo não dinâmico" (Buckley e Casson, 1976,p. 77), pois não especifica o momento das mudanças no aspecto da exportação e da gestão do investimento estrangeiro.

Face a este "gap" na literatura de então, Buckley e Casson (1976, p. 31) referem um conjunto de fatos ou fenómenos que necessitam de uma maior explicação, apresentando por isso a sua teoria dos custos de transação – defendida mais tarde também por Rugman (1981), Hennart (1982), Caves (1982) e McManus (1972), acreditando os autores que a existência de custos de transação é a chave do estabelecimento das empresas multinacionais relativamente às suas subsidiárias no exterior, as quais operam sobre um controlo diretamente centralizado ao qual denominaram de integração vertical, ao invés de o fazerem via mercado. Buckley e Casson (1976) partem assim do pressuposto que as empresas maximizam os seus lucros num mundo de imperfeições de mercado, sendo que quando os mercados de produtos intermediários são imperfeitos, existe um incentivo para desviá-los criando mercados internos (integração vertical), envolvendo isso a criação da propriedade comum e controlo das atividades que estão ligadas por esse mesmo mercado.

Outra teoria económica muito importante no contexto da internacionalização das empresas é o paradigma eclético de Dunning (1980), consistindo este num quadro sistémico de referência (holistic framework) a partir do qual é possível identificar e avaliar a significância dos fatores que influenciam tanto a decisão inicial de uma empresa em produzir no exterior, quanto o crescimento deste tipo de produção.

São três as vantagens específicas, mencionadas por Dunning (1980), a vantagem específica de propriedade (O-ownership), estando esta relacionada com a natureza e/ou nacionalidade da propriedade, a vantagem específica de localização (L-location), relacionada com o local onde são implantadas as operações no exterior e, a vantagem específica de internalização (I-Internalization), obtida ao se utilizar a estrutura da empresa para transações internacionais ao invés de mecanismos de mercado, ou por outras palavras, internalizar transações ao invés de o fazer via mercado. Neste último caso, a variável decisória é o custo de transação, sendo a decisão regida por uma questão hierárquica baseada na relação matriz versus subsidiária (integração vertical), visto que a teoria da internalização tem como pressuposto diminuir os custos de transação.

Ou seja, por mais que historicamente se construam teorias para explicar a história dos negócios internacionais no tempo e no espaço (Buckley,

2009), qualquer processo de internacionalização deve sempre identificar as principais modalidades de entrada no estrangeiro, restringindo as opções de internacionalização das empresas em função de enquadramentos legais, dificuldades de penetração nos canais, reconhecimento da marca, historial passado de internacionalização, análise de modalidades de internacionalização para fazer face aos competidores estrangeiros, variações cambiais, instabilidades políticas, diferenças culturais, do imperativo da defesa da marca, da proteção da tecnologia própria, da necessidade de garantia de qualidade, da maior ou menor possibilidade de transferência das operações para o estrangeiro, da especificidade dos produtos, dos custos de penetração, da competitividade dos produtos nesses mercados, da dimensão requerida para alcançar economias de escala, da quantidade e capacidade dos recursos da empresa, da dimensão e natureza dos produtos, do nível tecnológico e da própria intensidade de investimento requerido (Dunning, 1981; Buckley & Casson, 2010).

A partir destas modalidades facilmente se conseguem detetar custos e riscos inerentes a um processo desta natureza, ainda que antes de se equacionar custos e riscos se deva ter clara também a percepção sobre os benefícios que podem ser gerados através da procura de novos recursos, mercados, eficiência e ativos (Dunning, 1997), podendo estes estar relacionados com o aproveitamento das competências centrais nos fatores críticos de sucesso de um negócio em mercados externos semelhantes aos internos, que permita às empresas alcançarem uma forte competitividade internacional, com as economias de localização que se possam obter (pois se os benefícios da localização das atividades comerciais ou produtivas no estrangeiro forem superiores aos seus custos e riscos, é preferível enveredar pelo investimento direto ou projetos em detrimento das transações) e, com aspectos relacionados com um maior volume de produção e de vendas que possibilite não só a repartição dos custos totais, como também avanços na curva de experiência, reduzindo assim os custos unitários (Buckely & Casson, 2010).

Em suma, a existência de longo prazo de empresas globais depende sempre de fatores de controlo sobre ativos e vantagens e da capacidade destas em gerir uma rede internacional ativa e segurá-la por longos períodos de tempo. Mas isto acima de tudo requer também uma equipa qualificada e a capacidade em reter um conjunto de competências-chave ao longo dos tempos, superando assim "o efeito de Penrose" e tarefas traduzidas pelos fatores extensão, crescimento e diversificação (Buckley e Casson 2007). Mas para que isto possa ser absorvido, a gestão global aqui descrita requer aprendizagem, custos de formação avultados e aculturação, fatores que só podem ser conseguidos a partir de equipas de gestão multinacionais (Buckley, 2011).

## 2. Portugal no mapa global de *"Outsourcing"*

Com os avanços da tecnologia e o desenvolvimento de novas fórmulas contratuais, são cada vez menos as empresas que vêm os processos operativos como parte fundamental do seu negócio (Lopes da Costa 2010), preferindo concentrar as suas atividades em investigação, desenho e na venda de produtos e/ou serviços como forma de gerar vantagens competitivas. Nesta perspectiva e numa era de competição particularmente intensa, a externalização, surge assim, como uma importante componente na tomada de decisão estratégica e uma importante forma de aumentar a eficiência e qualidade nas várias atividades empresariais, sendo vista por muitos gestores como a resposta ideal e uma ferramenta influenciadora e poderosa de mudança organizacional: uma opção que promete reduções de custos, melhor qualidade e, mais importante, a capacidade de libertar recursos para serem focados no negócio, concentrando-se em competências nucleares.

De fato, como se pôde constatar através da leitura deste livro, as vantagens do "*Outsourcing*" são a razão pela qual este emergiu como um dos líderes económicos dos nossos tempos, sendo uma das forças dominantes na economia global nas duas últimas décadas (Duening e Click, 2006), sendo que a crise económica dos últimos anos tem dado uma ajuda crucial para a alavancagem do setor, fazendo com que muito mais empresas olhem para o "*Outsourcing*" como uma forma de reduzir custos e melhorar processos através da introdução de modelos de serviço capazes de gerar mais valor para as empresas envolvidas.

Um dos exemplos disto mesmo, como referenciado no Jornal de Negócios (2010) é de que por exemplo o setor do "*Outsourcing*" com recurso às tecnologias de informação e comunicação tem gerado mais de mil milhões de euros de volume de negócios anual no nosso país, o que representa cerca de 0,66% do PIB, mais do que o próprio setor de consultoria, estando tudo isto na base da popularidade do setor no meio empresarial dos nossos dias.

Mas, como já anteriormente referido, embora o sinal de partida em termos de interesse face ao *"Outsourcing"* se tivesse dado através desta parceria estratégica entre a IBM e a Kodak, a verdade é que é a partir da década de 1990 que se criam as verdadeiras condições para a evolução deste setor. A necessidade premente de redução de custos, incremento de vantagens competitivas e dificuldade no controlo dos investimentos levaram também a que grandes organizações considerassem aceitável transferir os seus serviços para fornecedores externos. Desde então, inúmeros contratos significativos têm sido celebrados pelas mais diversas organizações, conhecendo-se vários casos de sucesso como os da Banca Portuguesa (Lopes da Costa, 2010), Adidas, Cisco, IBM, Lógica, Microsoft, Siemens e Accenture (Jornal de Negócios, 2010), permitindo que estas possam explorar economias de escala e obter reduções de custos na ordem dos 15 a 30% o que justifica o crescimento exponencial do seu volume de negócios, valores estes que contribuíram para o volume de negócios anual mundial do setor que em 2005 se situava já nos 137 mil milhões de euros com crescimentos anuais de 9,2% (Duening e Click, 2005).

A reprodução e leitura de tais valores, pode parecer a olho nu significado de que o setor do *"Outsourcing"* poderia ter atingido já um estágio de maturidade, o que não simboliza de todo a verdade, pois segundo o Jornal de Notícias (2010) o setor encontra-se ainda numa fase de crescimento e expansão, estendendo-se os seus processos de forma progressiva na cadeia de valor das organizações sobre a forma de eficiência, partilha de investimentos e riscos (Lopes da Costa, 2010).

Nesta medida e num enquadramento de negócio implícito num ciclo de crescimento que envolve maiores níveis de barreiras à entrada e maiores níveis de competitividade percebida, é pertinente questionar: Poderão países como Portugal, Grécia e Irlanda, encontrar um ponto de diferenciação neste setor que os possa colocar no mapa internacional de prestação de serviços de *"Outsourcing"*? Poderá este ser um setor que possa diferenciar Portugal e acrescentar valor qualitativo e económico ao país? Poderá este ser um dos focos de projeção internacional de Portugal e uma verdadeira fonte de receita em tempos de crise e de recessão?

Uma análise do Everest Research Institute (Jornal de Negócios, 2010) mostra que sim, ilustrando um conjunto de cerca de noventa países pelo mundo inteiro que atualmente o estão a fazer através da especialização em áreas específicas de trabalho e com base nos custos baixos que conseguem gerar, o que lhes confere uma vantagem competitiva determinante na conquista de nichos de mercado. Mas aqui realça-se outra questão. Poderá Portugal competir nestas circunstâncias? Portugal apesar dos custos menos atrativos que pode apresentar face a alguns países, pode ultrapassar perfeitamente estas barreiras através da adequação de requisitos e de capacidade de garantir o acompanhamento do serviço prestado. Ou seja, a alternativa para países como Portugal por forma a combater a mão de obra qualificada (em países como Espanha, Hungria, Holanda, Irlanda, Polónia, Reino Unido, República Checa e Roménia) e os baixos custos (que conseguem obter fundamentalmente os países de leste da Europa), será sempre com base na especialização e diferenciação, sendo reconhecido pela qualidade e competitividade.

Neste contexto, para Portugal, o único problema será portanto o de identificar de que forma se pode diferenciar, fazendo face a um conjunto de competências fortes na Europa, mas também na China e no Brasil, à luz do que tem vindo já a ser feito em países como os E.U.A (especializados em técnicas de análise e criatividade), como a China (técnicas de manufatura), a Índia (engenharia técnica), o México (manufatura), as Filipinas (processos administrativos), o Sri Lanka (serviços legais) e o Quénia (análise financeira), por forma a colocar Portugal no mapa global de *"Outsourcing"*.

## 3. *"Outsourcing"*: Chegou a hora da internacionalização

A especialização é algo que há décadas tem vindo a ser o foco de muitos especialistas económicos, sendo mesmo transmitido por Jack Welch – atual CEO da general Electric (cit in Jornal de Negócios, 2010) e por Hamel e Prahlad (1995) como algo que urge no contexto empresarial como forma de diferenciação para algumas economias na obtenção de vantagens competitivas que lhes permitam disputar nichos de mercado num âmbito internacional.

Neste contexto, o *"Outsourcing"* deve ser tido em consideração como forma de enriquecer Portugal, aclamando a tão desejada internacionalização das empresas portuguesas proclamada pelos nossos governantes, isto porque são inúmeras as vantagens que temos na adoção deste caminho estratégico.

Ainda que indicadores negativos como a falta de rapidez na justiça e a baixa qualificação de recursos humanos acima dos trinta e cinco anos tenham um peso significativo no momento da comparação (o que pode ser visto como um entrave ao desenvolvimento nesta área) – (INE, 2007 a e b), as suas vantagens são em larga medida sobrepostas a estes dois fatores se tivermos em consideração; as competências a nível linguístico (CCE, 2005) e de tecnologias de informação (Technology Report, 2011: 21), a qualificação dos recursos humanos abaixo dos trinta e cinco anos (INE, 2007 a e b), a proximidade cultural com os grandes clientes de *"Outsourcing"* a nível Europeu, a subida dos índices de competitividade na Europa (Competitiveness Report, 2011:15), o investimento em I&D (Innovation Report, 2010) e o próprio desenvolvimento em infraestruturas de comunicação em banda larga que se têm vindo a realizar (Jornal de Negócios, 2010). Ou seja, são tudo pontos fortes que contam a favor de Portugal e que podem consistir a prazo a que nos possamos demarcar e vir a representar um destino competitivo para prestação de serviços de *"Outsourcing"*, tornando-nos mais atrativos para o investimento e para a localização de centros internacionais de competências nesta área.

Estando os pontos fortes e fracos de Portugal identificados face à concorrência, o passo seguinte será o de se especializar e de se afirmar com um dos destinos e centro de competências de *"Outsourcing"* a nível internacional, e são inúmeras as oportunidades nesta área do "Business Process *Outsourcing*", estejam elas ligadas ao ramo de marketing, contabilidade, tecnologias informáticas, logística, recursos humanos, ou quaisquer outras que possam parecer interessantes do ponto de vista de investimento – ver figura 13.

FIGURA 13: *Identificação de Oportunidades de Especialização no Setor do "Outsourcing"*

Fonte: Duening e Click (2005)

Mas aqui é necessário salientar outro fator. É que ainda que a falta de especialização explique em parte a dificuldade em disputar nichos de mercado num âmbito internacional, [embora este fato não seja refletido no crescimento do setor quando comparado com os nossos parceiros Europeus (APSDI, 2009) onde Portugal regista taxas de crescimento anuais entre 2001 e 2009 acima dos 12% e superiores à média Europeia que ronda os 10%] isto não explica por si só as grandes diferenças existentes na riqueza produzida pelo setor quando comparado com esses mesmos parceiros Europeus (APSDI, 2009), o que se deve essencialmente ao setor público com uma taxa de utilização baixíssima deste tipo de serviços quando comparada com a maioria dos países Europeus (Jornal de Negócios, 2010; APSDI, 2009), o que se reproduz no que é hoje Portugal, ou seja, no pais com a segunda maior despesa pública Europeia, suportando custos altíssimos que o recurso ao *"Outsourcing"* poderia eventualmente resolver.

Segundo o Jornal de Negócios (2010), Portugal é um dos países da OCDE com menor taxa de utilização de serviços de *"Outsourcing"* no setor público (com apenas 20%), muito longe das proporções deste fator em países como os E.U.A, a Inglaterra, a Noruega, a Suíça e a Suécia, consistindo esta situação num dos principais fatores críticos de sucesso a ter em linha de conta pelo governo português, não só para o desenvolvimento do setor em termos nacionais, como pela representatividade que este modelo de gestão pode consistir na redução da despesa e do défice publico.

Mas será que a implementação de algo do género envolve riscos? Como qualquer processo de mudança também este envolve riscos que terão de ser resolvidos com uma criteriosa coordenação de recursos e competências, ainda que estes sejam mínimos se comparados com a redução de custos, melhoria de qualidade, aumento de transparência, melhoria no planeamento de custos e maior flexibilidade, que a integração deste processo pode trazer para o contexto empresarial público.

Obviamente que algo do género significa transferir para o "outsourcer" recursos internos, e isto à luz da legislação portuguesa em vigor é algo praticamente impossível, pois teria de envolver um modelo de contratualização que englobasse não apenas os processos, mas também as pessoas Ainda assim, isto por si só não tem de significar um fim redutor, significando tão simplesmente a necessidade de que sejam elaborados estudos e novas aproximações do setor público para o privado, por forma a movimentar pessoas e recursos sem que existam perdas de determinadas condições ou regalias que eventualmente possam ter sido conquistadas, aumentando os níveis de eficiência, reduzindo os custos e tudo isto sem reduzir os níveis de emprego.

Um exemplo de sucesso pode ser focado em Inglaterra. Este país externaliza hoje 80% dos seus serviços (Jornal de Negócios, 2010), apostando fortemente na externalização de serviços na área informática nos últimos 10 anos, com base em parcerias estabelecidas com o setor privado, criando não só "joint ventures", como empresas de raiz, sendo que qualquer destas parcerias permitem aos seus governantes aproveitar a inovação e criatividade do setor privado, ficando este com a responsabilidade de contratação, investimento e desenho sobre a forma como os serviços irão ser fornecidos e o estado com a tarefa de monitorização e controlo e com a responsabilidade do pagamento anual pelos serviços prestados, o que permite ao país diminuir o investimento, reduzir custos e gerar eficiência.

Ou seja, quer através do setor público ou privado o importante aqui é trabalhar em conjunto para capitalizar as vantagens do país e melhorar as desvantagens, ajudar o setor a ganhar massa critica e, simultaneamente, potenciar a criação de postos de trabalho e o desenvolvimento da riqueza para um Portugal melhor e mais competitivo a nível internacional.

## 4. Conclusão

A globalização dos mercados empresariais dos dias de hoje exige uma visão lógica de atravessamento funcional ligada à criação de valor sobre o ponto de vista de custo, tempo e serviço. A enfatização de novas formas organizacionais e de novos processos de trabalho em termos contratuais deixou hoje de ser vista como um recurso passando a ser entendida como uma necessidade básica fundamental e uma potencial fonte de vantagens competitivas. Nesta medida, este capítulo, centrado numa base teórica devidamente fundamentada e centrada na temática internacionalização e "*Outsourcing*", teve como objetivo demonstrar como este último recurso pode ser a resposta ideal e uma influente e poderosa ferramenta de projeção internacional de Portugal, podendo funcionar para um país marcado pela recessão, como uma verdadeira fonte de receita em tempos de crise. Na verdade este pode ser de fato o caminho para capitalizar as vantagens de Portugal, melhorar as suas desvantagens, criar postos de trabalho, gerar riqueza, fomentar competitividade internacional e, mais importante ainda, ser a medicina alternativa na cura da doença que é hoje o défice público nacional, que o tratamento *"Outsourcing"* poderia eventualmente ajudar a regenerar.

Portugal tem de fato potencial para crescer, mas para isso é fundamental que se torne atrativo, que os custos sejam adequados, que as infraestruturas (várias) sejam boas e que exista uma massa critica de trabalho no mercado interno de *"Outsourcing"* que seja credível para que possa alcançar desempenhos que lhes permita vender os seus serviços a uma escala internacional, há semelhança do que tem vindo a ser realizado pela indústria automóvel a partir da externalização do fabrico de componentes automóveis, muito relevantes à mais de três décadas para a economia portuguesa.

Mas mais importante ainda é percebermos onde nos podemos comportar melhor e onde nos podemos diferenciar mais face às razões que são consideradas para a sua adoção – figura 14, restringindo a oferta que hoje em dia é demasiado transversal e abrangente para a definição de uma aposta de cariz internacional.

FIGURA 14: *Razões para a Adoção de Serviços de "Outsourcing"*

Fonte: Duening e Click (2005)

Ou seja, o importante é que sejam criadas condições para a construção de uma verdadeira economia de *"Outsourcing"* como forma de colocar Portugal no mapa da prestação deste tipo de serviços e, tal como já fora mencionado, ainda que determinada especialização possa sofrer pressões face às constantes mudanças em termos de negócio, politicas e de tecnologia, uma coisa que não se pode discordar é que se está perante uma oportunidade de negócio que merece ser considerada dado o potencial que encerra num ambiente organizacional que se caracteriza hoje em dia na sociedade empresarial pela pressão global entre nações e continentes.

## CONSIDERAÇÕES FINAIS

Este livro ilustra uma realidade muito simples. Não existe uma melhor forma ou razão para proceder ao *"Outsourcing"*. E mesmo que haja, é garantido que se altere com o tempo, com as pressões do negócio, políticas e com a tecnologia por si só. De fato, a única coisa em que se pode concordar é que o *"Outsourcing"* é uma via que merece ser considerada dado o potencial que encerra.

Adicionalmente, pesquisas de mercado mostram ainda que em termos financeiros os gastos das empresas cresceram quase o dobro de 2001 para 2006, situando-se neste ano em cerca de 65 biliões de dólares, estando grande parte deste montante ligado à atividade bancária, onde cerca de metade da banca nos E.U.A externaliza já uma ou mais funções, e consegue consequentemente obter lucros em termos de margem rondando os 40% a 50%, prevendo-se mesmo, nos próximos 15 anos que 3,3 milhões de serviços possam ser externalizados para países como a Índia, Rússia, China e Filipinas, que é o equivalente a 7,5% de todo o universo de trabalho nos E.U.A neste momento (Duening e Click, 2005).

Em Espanha, por exemplo, conhecem-se inúmeros casos de êxitos como os da empresa Oesia Symphonic Technology [(através da incorporação de inúmeras vantagens competitivas para as suas empresas-cliente através de uma relação estreita e alinhada entre objetivos (estratégia) e a gestão dos processos produtivos (operacionais)], o que tem permitido melhorar a eficiência, produtividade e qualidade destas empresas, mediante a análise, medição, simulação e otimização dos seus processos, mas também as mais variadas sinergias entre a Acotral SA e Mercadona (serviços de logística), Paqueteria SA e Tipsa (transportes), Tourline Express Mensajeria SLU e CTT Correios de Portugal (Appinet Software, 2010), e principalmente milhares de casos de êxito entre a IBM e diversas empresas como a Arsys Internet, Heymo Ingenieria SA, Hijos de Juan Pujante, Fundació Pere Tarrés, Nexica ou CNP Vida, representando setores tão variados como os de serviços profissionais, construção, fabricação, educação, indústria, seguros, entre outros (IBM, 2010).

Outro exemplo claro das vantagens do *"Outsourcing"*, em termos de flexibilidade e competitividade internacional tem sido demonstrado também pela Entel Tecnología (empresa brasileira de prestação de serviços de consultoria, tecnologia e *"Outsourcing"*), contando-se já com numerosos casos de êxito. É responsável pela supervisão manutenção e gestão de diferentes redes e plataformas tecnológicas da empresa internacional Wholesale Services (setor das telecomunicações), pelas incidências de avarias da empresa Amadeus, pelo serviço de assistência técnica da empresa Wolters Kluwer, entre outras colaborações que tem com a empresa Telefónica de Espanha, o governo Basco de Espanha e o banco BBVA deste mesmo país.

Conclui-se portanto, através destes dados e de todo o conteúdo deste livro, que não existem duvidas de que o *"Outsourcing"* é uma inevitabilidade virtual. Será sempre um recurso que permitirá à classe executiva determinar o quanto pode beneficiar com a sua inclusão, ficando clara a ideia de que esta estratégia revolucionária de mercado tende a ganhar cada vez mais espaço e que as empresas necessitam de se preparar para a revolução do "Business Process *Outsourcing"*.

Ficou também explicito, que é indiscutível que o *"Outsourcing"* encerra um risco potencial, mas sejamos realistas, praticamente todas as medidas de elevado potencial o encerram, não sendo assim provável que o interesse das organizações diminua num futuro próximo e vai com certeza continuar a tocar a vida de muitos: dos gestores de topo, dos profissionais de sistemas de informação e dos próprios utilizadores, que necessitam de se ajustar a novas pessoas, culturas e procedimentos.

# REFERÊNCIAS BIBLIOGRÁFICAS

ABCOUWER, A. W. & J. H. Truijens (2006). *Who is Managing the Business Information?* Primavera Working Papers 2006-2007, University of Amesterdam.

ALIBER, R. (1970). A theory of Foreign Direct Investment. Em Kindleberger (eds.) The International Corporation. *MIT Press*, Cambridge.

ALVESSON, M. (1993). Organizations as Rhetoric: Knowledge-Intensive Firms and the Struggle with Ambiguity. *Journal of Management Studies*, Vol. 30, nº 6, pp. 997-1015.

ALVESSON, M. (2001). Knowledge Work: Ambiguity, Image and Identity. *Human Relations*. Vol. 54, nº 7, pp. 863--893.

ANDREWS, Kennet R. (1971). *The Concept of Corporate Strategy*. Dowjones, Irwin, New York.

ANSOFF, I. (1965). *Corporate Strategy an Analytic Approach to Business Policy for Growth and Expansion*. McGraw-Hill, New York

ANSOFF, I. (1977). *Estratégia Empresarial*. McGraw-Hill, São Paulo.

ANTÓNIO, Nelson Santos (2006). *Estratégia Organizacional: Do Posicionamento ao Movimento*. Edições Sílabo, 2ª Edição, Lisboa.

APSDI (2009). *Crescimento do Business Process Outsourcing em Portugal e na Europa*. APDSI – Associação para a Promoção e Desenvolvimento da Sociedade de Informação, Lisboa.

ARRUÑADA, Benito & Xosé H. Vasquez (2006). Subcontratar e Rendibel?: Causas e Consecuencias da Especialización Produtiva na Industria. *Revista Portuguesa e Brasileira de Gestão*, Out/ /Dez, pp. 36-39.

BARLEY, S. R. & G. Kunda (2004). *Gurus, Hired Guns and Warm Bodies*. Princeton University Press, Princeton, NJ.

BEER, M. & N. Nohria, eds (2000). *Breaking the Code of Change*. Harvard Business School Press, Boston, MA.

BERGKVIST, Linda (2008). Dimensions for Describing and Explaining the Successful Outcome of the IS Outsourcing Process – Emphasising the Relationship Perspective. *Industrial Marketing and Purchasing Group*, Conference in Uppsala.

BIDAULT & Cummings (1994). Aprenda com os Melhores e Será um Deles.

*Executive Digest*, Novembro, nº1, pp. 38-42.

BUCKLEY, P. (2009). Business History and International Business. *Business History*, Vol. 51, nº 3, pp. 307-333.

BUCKLEY, P. (Forthcoming 2011). International Integration and Coordination in the Global Factory. *Management International Review.*

BUCKLEY P. & M. Casson (1976). *The Future of the Multinational Enterprise*, MacMillan, London.

BUCKLEY, P. & M. Casson (2007). Edith Penrose's Theory of the Growth of the Firm and the Strategic Management of Multinational Enterprises. *Management International Review*, Vol. 47, nº 2, pp. 151-173.

BUCKLEY, J. & M. Casson (2010). *The Multinational Enterprise Revisited – The Essential Buckley and Casson*. Palgrave Macmillan, London.

CANBACK S. (1998). The Logic of Management Consulting (Part One). *Journal of Management Consulting*, Vol. 10, nº 2.

CANBACK, S. (1999). The Logic of Management Consulting (Part Two). *Jounal of Management Consulting*, Vol. 10, nº 3.

CARVALHO, José Crespo de & José Cruz Filipe (2006). *Manual de Estratégia: Conceitos, Prática e Roteiro*. Edições Silabo, Lisboa.

CASA DOS BITS (2007). Contratos de Outsourcing da IBM com a Banca Nacional, http://tek.sapo.pt/noticias/negocios/contratos_de_outsourcing_da_ibm_com_a_banca_n_876770.html, 19/06/09.

CAVES R. (1982). *Multinational Enterprise and Economic Analysis*. Cambridge University Press, Cambridge.

CCE (2005). *Indicador Europeu de Competência Linguística – Comunicação da Comissão ao Parlamento Europeu e ao Conselho*. Comissão das Comunidades Europeias, Bruxelas.

CLARK, T. (1995). *Managing Consultants – Consultancy as the Management of Impressions*. Open University Press, Buckingham

COASE, R. (1937). The nature of the Firm. *Economica*, Vol. 4, nº 16, pp. 386--405.

COASE, R. (1960). The problem of Social Cost. *Journal of Law and Economics*, Vol. 3, nº 1, pp. 1-44.

COHEN, Shoshanah & Joseph Roussel (2005). *Strategic Supply Chain Management: The Five Disciplines for the Performance*. McGraw Hill, New York.

COMPETITIVENESS REPORT (2011). *The Global Competitiveness Report 2010--2011*. World Economic Forum, Geneva.

COVEY S. R (2004). *Seven Habits of Highly Effective People*. Fress Press, New York.

CRAIG, D. (2005). *Rip Off! The Scandalous Inside Story of the Management Consulting Money Machine*. The Original Book Company, London.

DRUCKER, Peter F. (1950). *The New Society: The Anatomy of the Industrial Order*. Harper e Brothers, New York.

DRUCKER, P. F. (1969). *The Practice of Management*. Pan Books, 2nd Printing, London.

DRUCKER, P. F. (1979). Why Management consultants? Em The Evolving Science of Management, *Amacom, Editado por Z. Melvin e R. G. Greenwood*, New York.

DUENING, Thomas N. & Rick L. Click (2005). *Essentials of Business Process*

# REFERÊNCIAS BIBLIOGRÁFICAS

*Outsourcing.* John Wiley & Sons, New Jersey.

DUNNING, J. (1977). Location of Economic Activity and MNE: A Search for an Eclectic Approach. *International Allocation of Economic Activity – Proceedings of a Nobel symposium held at Stockholm.* Macmillan, London, pp. 395-418.

DUNNING, J. (1980). Toward an Eclectic Theory of International Production: Some Empirical Tests. *Journal of International Business Studies*, Vol. 1, nº 1, pp. 9-31.

DUNNING, J. (1981). *International Production and the Multinational Enterprise.* Allen & Unwin, London.

DUNNING, J. (1997). *Alliance Capitalism and Global Business.* Routledge, London and New York.

DUNNING, J. (2000) *A Rose by Another Name...? FDI Theory in Retrospect and Prospect.* Whiteknights – University of Reading: Rutgers University, NJ.

DUNNING, J. (2001). The Eclectic (OLI) Paradigm of International Production: Past, Present and Future. *International Journal of the Economics of Business*, Vol. 8, nº 2, pp. 173--190.

DUNNING, J. (2003). Some Antecedents of Internalization Theory. *Journal of International Business Studies*, Vol. 34, pp. 108-115.

DUNNING, J. & S. Lundan (2008). *Multinational Enterprises and the Global Economy (2nd ed.).* Edward Elgar, Cheltenham.

DUGAY, P. (2005). *In Praise of Bureaucracy.* Sage, London.

EARL, Michael J. (1996). The Risks of Outsourcing IT. *Sloan Management Review*, Spring, pp. 26-32.

EHRENBERG, A., B. Lloyd & J. Seriven (1994). Knowledge based on Speculative Consultancy. *South Bank University Press*, Proceedings of international Consultancy Conference, pp. 48-53.

EISENHARDT, K. M. (1989). Building Theories From Case Study Research. *Academy of Management Review*, Vol. 14, nº 4, pp. 532-550.

FERFUSSON, D. (1996). Information Technology Outsourcing. *IS World.*

GREINER, L., & R. Metzger (1983). *Consulting to Management.* Prentice-Hall, Englewood Cliffs, N.J.

GRUBER, W.; D. Mehta & R. Vernon (1967). The R&D Factor in International Trade and Investment of United States industries. *Journal of Political Economy*, February, pp. 20-37.

FINCHAM, R. & T. Clark (2002a). Preface: Management Consultancy – Issues, Perspectives and Agendas. *International Studies of management and Organization*, Vol. 32, nº 4, pp. 3-18.

HAMEL, Gary & C. F. Prahalad (1995). *La Conquête de Future.* Intereditions, Paris.

HENNART, J-F (1982). *A theory of Multinational Enterprise.* University of Michigan Press. Ann Arbor, MI.

HENDERSON, Bruce (1979). *Henderson on Corporate Strategy.* Abt Books, Cambridge, Mass.

HYMER, S. (1976). *The international Operations of National Firms: a Study of Direct Foreign Investment.* MIT Press, Cambridge: MA.

INE (2007a). População 18-24a. com Ensino Obrigatório Completo que não se Encontra em Educação ou Formação (Total), http://indest.ine.pt/IEView.asp, 15/04/11.

INE (2007b). *Inquérito à Educação e Formação de Adultos.* Instituto Nacional de Estatística, I.P, Lisboa.

INNOVATION REPORT (2010). *Comparative Analysis of Innovation Performance – European Innovation Scoreboard 2010.* Pro Inno Europe – European Commission Enterprise and Industry.

JORNAL DE NEGÒCIOS *(2010).* Outsourcing: Chegou a hora da Internacionalização. Jornal de Negócios, *Edição Especial (Junho), pp. 1-12.*

KIPPING, M. (2002). Trapped in Their Wave: The Evolution of Management Consultancies. Em Clark e Fincham (eds.). Critical Consulting: New Perspectives on the Management Advice Industry. *Blackwell*, Oxford, pp. 21-27.

KNICKERBOCKER, F. (1973). *Oligopolistic Reaction and Multinational Enterprise.* Division of Research, Graduate School of Business Administration – Harvard University, Cambridge.

LARS, Kajsa Hulthén & Erik Gadde (2008). Logistics Outsourcing and the Role of Logistics Service Providers from an Industrial Network Perspective. *Industrial Marketing and Purchasing Group*, Conference in Uppsala.

LOH, L. & N. Venkatraman (1992). Diffusion of Information Technology Outsourcing: Influence Sources and the Kodac Effect. *Information Systems Research*, December, pp. 34-58.

LOPES DA COSTA, R. (2009). A Coordenação dos Recursos como factor de Competitividade no Sector da Banca. Tese de Mestrado, Departamento de Gestão, INDEG – ISCTE, Instituto Universitário de Lisboa, Lisboa.

LOPES DA COSTA, Renato (2010). O Outsourcing dos Sistemas de Informação como factor de Competitividade no Sector da Banca. *Revista Portuguesa e Brasileira de Gestão* – INDEG//ISCTE, Lisboa, Volume 9, nº 3 (Jul//Set), pp. 11-19.

LOPES DA COSTA, Renato & Nelson dos Santos António (2011). The "Outsourcing" as an Instrument of Competitiveness in the Business Consulting Industry. *Journal of Management Research* – Las Vegas, Nevada, U.S.A., Vol. 3, nº1 (online) http://www. Macrothink.org/journal/index.php/jmr/issue/current

LUNDGREN, M. & M. Blom (2009). The Practice of Strategy Consultants. *25th Egos Colloquium*, Barcelona (Julho 2-4).

MARQUES, Maria Manuel L. (1992). *Subcontratação e Autonomia Empresarial: Um Estudo sobre o caso Português.* Edições Afrontamento, Porto.

MCLARTY, R. & T. Robinson (1998). The Practice of Consultancy and a Professional Development Strategy. *Leadership and Organisation Development Journal*, Vol. 19, nº 5, pp. 256-263.

MCMANUS, S. (1972). The Theory of the International Firm. Em Paquet (Eds.). The Multinational Firm and the Nation State. *Toronto: Collier-Macmillan*, pp. 66-93.

MERTON, R. K. (1972). Insiders and Outsiders: A Chapter in the Sociology of Knowledge. *The American Journal of Sociology*, Vol. 78, nº 1, pp. 9--47.

MICKLEWAIT, J. & A. Wooldridge (1996). *The Witch Doctors – What the Management Gurus are Saying, Why it Matters and How to Make Sense of it.* Heinemann, London.

MINTZBERG, H. (1987). Five P's for Strategy. *California Management Review*, Vol. 30, pp. 11-24.

MINTZBERG, H. (1995). *Estrutura e Dinâmica das Organizações*. Publicações D. Quixote, 1ª Edição, Lisboa.

MINTZBERG, H. (1998). *Strategic Safari*. The Free press, New York.

MONCZEKA, Trent e Handfield (2002). Purchasing and Supply Chain Management. *Thomson Learning*.

NAM, K.; S. Rajagopalan; H. R. Rao & A. Chaudhury (1995). Dimensions of Outsourcing: A Transactions Cost Framework. Managing Information Technology Investments with Outsourcing, *Idea Group Publishing*, pp. 2--15.

OHMAE, Kenichi (1991). *The Mind of the Strategist: The Art of Japonese Business*. McGraw-Hill, New York.

O'SHEA, J. & C. Madigan (1998). *Dangerous Company*. Penguin, New York.

PALVIA, P. & M. Parzinger (1995). Information Systems Outsourcing in Financial Institutions: Managing Information Technology Investments with Outsourcing. *Idea Group Publishing*, pp. 129-154.

PORTER, Michael E. (1980). *Corporate Strategy: Techniques for Analysing Industries and Competitors*. Free press, New York.

PORTER, Michael E. (1985). *Competitive Advantage: Creating and Sustaining Superior Performance*. Free press, New York.

PORTER, Michael E. (1986). *Estratégia Competitiva: Técnicas para Análise de Indústrias e da Concorrência*. Editora Campus, 17ª Edição, Rio de Janeiro.

PORTER, Michael E. (1990). *Vantagem Competitiva: Criando e Sustentando um Desempenho Superior*. Editora Campus, Rio de Janeiro.

RASCÃO, José (2008). *Novos Desafios da Gestão da Informação*. Edições Sílabo, Lisboa.

REIS, Lopes dos (2008). *Estratégia Empresarial: Análise, Formulação e Implementação*. Editorial Presença, 2ª Edição, Lisboa.

ROTHERY, Brian & Ian Robertson (1995). *The Truth about Outsourcing*. Gower Publishing, London.

RUGMAN, A. (1981). *Inside the Multinationals*. Columbia University Press, New York.

SÁ, Jorge A. Vasconcelos e (2005). *Strategy Moves: 14 Complete Attack and Defence Strategies for Competitive Advantage*. Prentice-Hall, Great Britain.

SANTOS, António (1998). *Outsoucing e Flexibilidade: Uma ferramenta de Gestão para o Século XXI*. Texto Editora, 1ª Edição, Lisboa.

SPANGLER, B. (2003). Win-Win, Win-Lose, and Lose-Lose Situations. *Conflict Research Consortium*, University of Colorado, Boulder.

STALK, George; Philip Evans & Lawrence Shulman (1992). Competing an Capabilities: The New Rules of Corporate Strategy. *Harvard Business Review*, Reprint Collection, nº 92209, March-April.

STARBUCK, W. H. (1992). Learning by Knowledge-Intensive Firms. *Journal of Management Studies*, Vol. 29, nº 4, pp. 713-40.

STRYKER, P. (1954). The Ambitious Consultants. *Fortune*, May, pp. 82-85.

STURDY, A. J. (2009). Popular Consultancy Critiques and a Politics of

Management Learning? *Management Learning*, Vol. 40, nº 4, pp. 457-463.

STURDY, A. J. & C. Wright, (2008). A Consulting Diaspora? Enterprising Selves as Agents of Enterprise. *Organization*, Vol. 15, nº 3, pp. 427-744.

TECHNOLOGY REPORT (2011). *The Global Information Technology Report 2010--2011*. Insead and World Economic Forum, Geneva

THRIFT, N. (2005). *Knowing Capitalism*. Sage, London.

VARAJÃO, João Eduardo Quintela (2001). *Outsourcing de Serviços de Sistemas de Informação*. FCA – Editora de Informática, Lisboa.

VERNON, R. (1966). International Investment and International Trade in the Product Cycle. *Quarterly Journal of Economics*, Vol. 80, nº 2, pp. 190-207.

VERNON, R. (1974). The Location of Economic Activity. Em Dunning (eds.). Economic Analysis and the Multinational Enterprise. *Allen and Unwin*, London.

VERNON, R (1979). The Product Cycle Hypothesis in a New International Environment. *Oxford Bulletin of Economics & Statistics*, Vol. 41, nº 4, pp. 256--267.

WERR, A., & A. Styhre (2002). Management Consultants Friend or Foe?. *International Studies of Management & Organization*, Vol. 32, nº 4, pp. 43-66.

WHEELEN, Thomas L. and J. David Hunger (1998). *Strategic Management and Business Policy*. Addison Wesley Longman, 6ª Edição, New York.

WILLIAMSON, O. (1979). Transaction Cost Economics: The Governance Contractual Relations. *Journal of Law and Economics*, October, Vol. 22, pp. 233-261.

YIN, R. K. (1994). *Case Study Research Design and Methods*. Sage (2ª edition), Thousand Oaks.